自律

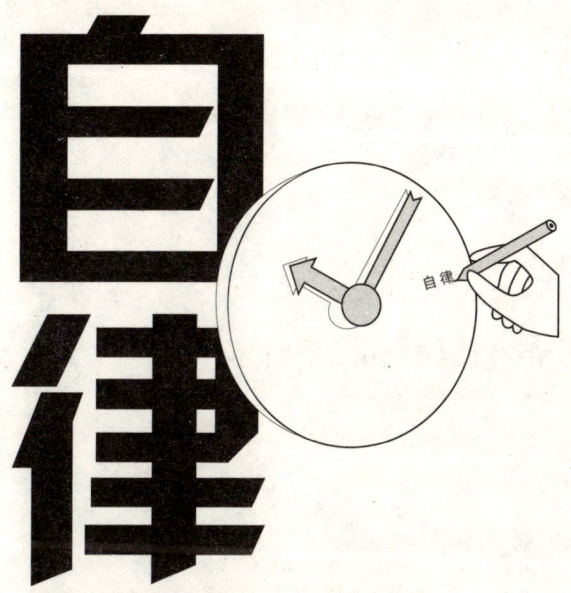

如何成为别人眼中
很厉害的人

杨扬◎著

图书在版编目（CIP）数据

自律：如何成为别人眼中很厉害的人 / 杨扬著 . --北京：中国商业出版社，2019.10

ISBN 978-7-5208-0925-2

Ⅰ.①自… Ⅱ.①杨… Ⅲ.①自律 – 通俗读物 Ⅳ.C933.41-49

中国版本图书馆 CIP 数据核字 (2019) 第 210540 号

责任编辑：张新壮　张盈

中国商业出版社出版发行

010-63180647　www.c-cbook.com

（100053　北京广安门内报国寺 1 号）

新华书店经销

北京富泰印刷有限责任公司印刷

*

880 毫米 ×1230 毫米　32 开　9 印张　241 千字

2020 年 3 月第 1 版　2020 年 3 月第 1 次印刷

定价：45.00 元

****

（如有印装质量问题可更换）

前言
PREFACE

为什么有些人能够百折不挠,越挫越勇?有些人却受不住挫折,很快放弃,即使前景依然光明。两者的区别就在于自律。

在许多人看来,"自律"是一个不爽的词,因为它意味着失去自由。自律需要牺牲一些乐趣,自律无法放纵自己,自律需要每天管好自己,自律需要不断地控制情绪……总之,自律是违背天性的,自律是令人忌惮的。

但是,你是否明白,虽然偶尔放纵能够带来快乐,哪怕这种快乐不是满满的幸福,也是略有味道,甚至是值得纪念和回味的;但经常性放纵,非但得不到快乐,反而会失去幸福的本意,甚至与痛苦长久相伴。

实际上,很多我们认为的,并不是我们所认为的样子。

自律并不意味着失去自由,相反,高度的自律会获得高度的自由。畅销书《高效能人士的七个习惯》的作者史蒂芬·柯维说:"不自律的人就是情绪、欲望和感情的奴隶。"当我们缺乏自律时，做事总会被恶劣的习惯引导，被随处的诱惑影响，被别人的观点干扰……如此，我们根本无暇去做、无勇气去做、无坚定内心去做自己真正渴望的事情，无法成为自己真正想要成为的人。

平淡是奢侈的，刺激是昂贵的，克制是美妙的，放纵是残酷的。自律坚强，必有回报；安逸享乐，必遭惩罚。只有自律者才会有真正的自由，只有自律者才配拥有自由。

记住：你管理自己、掌控自己的能力，就是你谋求发展最重要的品质。自律不易，坚持更不易，愿你我都能不断超越自己，成为更自由更快乐的自律达人。

目 录
CONTENTS

第一章 人与人的距离是怎样拉开的

人与人之间的差距很大,他在云端,你在谷底;他在自律,你在自毁。自毁者是悠闲的,自律者是忙碌的;自毁者是懊丧的,自律者是快乐的。悠闲的懊丧和忙碌的快乐,显然后者才是人生的最佳状态。

你离成功还差一个自律的距离……………………………2
不能坚持到底的根源…………………………………………5
抗拒进步的"放羊状态"………………………………………9
"最后一天"和"总有一天"综合征……………………………12
"悠闲者"的困境………………………………………………16
你有自律的心,更要有自律的手……………………………19
自律是方式,自信是目的……………………………………26

第二章　很多的"厉害"都是由好习惯塑造的

平庸者的习惯与成功者的习惯一定是两种风格,即随意和规律。本章列举了塑造好习惯的一系列流程,从强制干预到最后抵达,仅仅七步,就能改变你的人生走向。

你的习惯决定你的未来 ……………………………………30
干预:叫醒低分值的习惯 …………………………………34
开启:自律在行动中形成 …………………………………38
投入:种下一个行动,收获一种行为 ……………………42
持续:保持连贯,养成"心流" …………………………46
互搏:在"想要"和"应该"的路口做选择 ……………50
耐受:爱上最难熬的瓶颈期 ………………………………54
抵达:一年后,自律助你跻身精英行列 …………………59

第三章　用新行为改造旧环境

当下定决心开启自律模式后,你会发现,环境成了第一个拦路虎。环境中的所有负面因素都向你扑来,要扼杀你的努力。此时,你绝不能妥协,从思维开始革新,以新思维将旧环境中的所有糟粕清理干净,还自己一方修炼的净土。

控制你的环境,否则它就会控制你 ………………………64

CONTENTS

新思维：对内接受自我，对外控制行动 ………………69
新动机：设定自己对环境的需求 ………………………73
新起点：做既擅长又想做的事 …………………………77
新目标：营造充满仪式感的奋斗环境 …………………81
新标准："必要难度"是有效改变环境的通用法则 …85
新协作：形成局部以多对少的优势 ……………………89

第四章　心怀有高度的目标上路

　　目标就在那里，它永远抢手，你不去实现，自有别人去实现。目标越高，通向它的路越人迹罕至。当然，再高的目标也要跬步前行，这个过程需要以自律做保障，以坚忍做依托。

做一个"有眼界"的自律者 ………………………………94
特色决定高度 ……………………………………………98
厘清目标丛，找准内心的潜力量 ………………………102
多目标抉择时，先进入行动环节 ………………………107
将目标分出等级 …………………………………………111
只做更接近目标的事 ……………………………………115
让一部分计划先"牛"起来 ……………………………119

第五章　一天有 26 个小时的魔法

每天只有 24 个小时，如果我告诉你，有些人一天有 26 个小时，多出的 2 小时来自一种魔法，这种魔法就是自律，即自我规范。将时间的利用率延伸到秒，你会发现时间的弹性将增大。本章就来介绍这种魔法，延长生命的机会来了！

怎样为自己争取更多的自由················124
越干越快乐的"3-8 式生活"················128
大块时间与碎片时间················134
挤干有水分的"海绵时间"················138
控制"多任务"倾向················144
充满新鲜感的深度工作················149

第六章　意志力"肌肉"，经常锻炼就会强壮

自律是由什么开启的？如果你认为是意志力，这是不够准确的答案。人性中原始的意志力不足，很容易消耗殆尽。如同肌肉，总有极限，如果不进行训练，永远不会强壮。意志力的"肌肉"也需要不断训练，时间久了，意志力退出，自律则成为单独运转的系统。

意志力的极限和肌肉力的枯竭················154

CONTENTS

延迟满足感增加意志的韧性······160
以一种训练为重点，以一种行为为核心······164
停滞是意志力训练的最大克星······167
从高刺激状态快速过渡到无刺激状态······171
坏状态，马上止损······174
时间久了，并不存在"坚持"的说法······178

第七章 自律需要被量化

自律需要被量化，但不要以时间的付出作为标尺，而要把实际效果作为第一要义。如何辨别实际效果的优劣呢？必须用到工具。有工具辅助，自律训练就会达到事半功倍的效果。

给自律设置里程碑······182
多角度、多方面的胜任力······187
实现自律的内驱动······192
消除生命的隐形漏洞······196
目标化地完成每一件事······204
变最弱环为聚能环······209

第八章　别让你只是看起来很"自律"

自律有真假之分。"伪自律"是自律的天敌，因为伪装得很好，往往会使人迷惑。如果陷入"伪自律"中，需要立即放弃，重新开启真正的自律。本章列举了七种常见的"伪自律"，目的是提醒大家，别将努力用错了方向。

幻想型自律：给"另一个自己"设定的任务……216
仪式型自律：简单地重复就是扼杀你的未来……221
被动型自律：为"自律的感觉"而自律……224
表象型自律：自导自演的"勤奋"……229
选择型自律：只为"大目标"制订"大计划"……233
速成型自律：今天越过的坑，明天依然在……239
自苦型自律：一不小心，就自虐了……242

第九章　高水平自律下的自开发

强化自律，不仅仅是为了形成一种状态，也不仅仅是提高效率，最根本的原因是通过自律不断挖掘自身能量，实现自主的、有品质的、递进式的自开发过程。

自律，唤醒沉睡的"赋能"……248
素质冰山模型：水面下的巨大能量……252

CONTENTS

自开发是心智塑造的过程…………………………257
真正的"九能人士"……………………………262
炼成某个领域的"超级个体"………………………268
建立优选"品质圈",改变生命的密度………………272

第 一 章

人与人的距离是怎样拉开的

CHAPTER

人与人之间的差距很大，他在云端，你在谷底；他在自律，你在自毁。自毁者是悠闲的，自律者是忙碌的；自毁者是懊丧的，自律者是快乐的。悠闲的懊丧和忙碌的快乐，显然后者才是人生的真正状态。

你离成功还差一个自律的距离

助理律师安娜·特纳小姐每天到公司的第一件事就是网上"冲浪",堆积的大量工作已被她抛到了脑后。"那一刻,即便所有的工作都到了截止日期,然而我依然没办法让自己开始动手做任何事情。"她说,"我的拖延习惯已经完全达到了不可救药的地步。"

特纳小姐的情况是普遍存在的。拖延的人不是不知道工作应该专心、尽心,但在现实中却如同被施了魔法一样,一想到工作就分心,一坐到桌前就走神。导致这种状况的最主要因素就是缺乏自律。

想要坚持运动却没能坚持下去?想学一个新的东西几天之后就放弃了?明知道一切浪费时间的事情都是不该做的,可又克制不住自己,最后通通去做了,如打游戏、刷手机。这样的问题几乎每个人都会遇到,而且很多人都非常清楚,自己碌碌无为的根本原因,就是缺乏自律。

缺乏自律通常由两种情况导致:

第一,不断袭来的诱惑。诱惑裹挟着人性最原始的欲望,扑面而来,势不可当。大部分人在诱惑面前毫无抵抗能力,不经意间就选择了屈服。

第二,长期形成的习惯。习惯是长期生活状态的表现,坚固难破，能量巨大。大部分人都依照随性的生活养成了自己的习惯，但这些习惯几乎都是与成功背道而驰的坏习惯。

无论是哪种情况，核心因素还是人本身。同样面临各种诱惑，为什么有的人就能顶住诱惑、坚定地朝着内心的目标去努力。同样都有养成好习惯的机会，为什么有的人就能控制自己，没有被坏习惯带走呢？

文艺复兴时期的思想家马歇尔·蒙田说："距离成功最近的途径，是在所有时刻都能控制自己。"

自我控制水平高、自律的人，通常都会有更高的自控能力、更强的坚忍精神、更好的情感回应和更少的缺点。这也是为什么成功者拥有自律，而普通人缺乏自律的原因所在。普通人与成功者之间只差一个自律的距离。

下面我们先来了解自律的基本性质。

• 积极主动是自律的基础

首先，有了成长的意愿，才有可能自律。不期待成长的人，不会认为自己现在的生活有问题，而自律是用来解决问题的，所以只有期待成长、期待改变的人，才会发现存在的问题，才会自律。

其次，有了洞察，才有可能自律。洞察力是获得成长的基础。如果我们察觉不到存在问题的"我"，就无法运用自律去塑造更好的"我"。

第三，有了前进的方向，才有可能自律。如果不知道自己想成为什么样的人，不知道该从何处提升自己，那么即使有心自律，也很难做到。只有完成自己期待的目标之后的强大，才是我们成长的原生动力，才能帮助我们运用自律，达成目标。

第四，有了足够的能力，才有可能自律。仅仅有意愿却没有能力，即便发现了问题，也没有办法应对。因此，必须主动训练自己获得对抗非自律的能力。

第五，有了良好的习惯，才有可能自律。没有好的习惯，再强烈的成长意愿、制定的方向和已经获取的能力，都会被混乱怠惰的状态消磨掉。因此，积极主动地培养自己良好的习惯，是自律的核心要素。

- 自律是积极主动的深化

第一，运用自律获得更高目标。

即时察觉当然是好的，但是仅仅有察觉是不够的。虽然你自己察觉到了影响自律的情绪或诱惑，然而却对自己并没有什么帮助。这是因为你并没有运用自律来改正自己。因此，在察觉之后，你还需要调动自律，将其送到抵御不自律的最前线，让自律充分发挥作用，这样才能充分调用理性的自我来面对问题、解决问题。

第二，直面现实，指明方向。

有的时候，你虽然有要改变的意愿，却不知道从哪里着手；明明手里握着大把的资源，也有一定的能力，却因为被情绪所困导致看不到资源，也用不上能力。但是，当你直面现实并梳理手中现有的资源时，却发现"哎，这个问题我好像能解决"，之前被你忽视掉的资源这时都一个个地蹦了出来。直面现实为积极主动指明了方向，这个方向就是将注意力聚焦在现实而不是期待上。

第三，承担责任是根本目的。

积极主动是要打造有利于自己发展的外部环境，一步步迈向自己想要成为的样子。也就是说，想要达成目标，必须最终落实在行动上，要肩负起自己的责任，对自己的选择负责，对自己的成长负责，对自己的人生负责。

不能坚持到底的根源

有朋友问我:"尝试着做平板支撑,可总是坚持不下去,怎么办?"

起初我会告诉他一些坚持做平板支撑的"原因"。比如,身体健康受到威胁,必须要锻炼;有一个爱好健身的好友在督促我;我喜欢锻炼之后淋漓尽致的感觉;我工作不是很忙,有时间锻炼;做平板支撑不需要多少地方,方便……

但这些理由,说到最后连我自己都不太相信了,这些根本就不是必须要坚持做平板支撑的原因。

后来跟一些多次尝试锻炼健身、但都没能坚持下去的人聊得多了,慢慢发现他们坚持不下去的原因都不是我说的那些。其实坚持一项体育运动并没有那么难,只是我们习惯了放弃。比如,做五分钟的平板支撑,太累了,放弃;做一分钟的平板支撑,太少了,没用,放弃;连续做了一周,没什么效果,放弃;今天工作加班,没时间了,放弃;今天打球了,也是运动了,放弃;今天身体不太舒服,放弃;今天来客人了,放弃;今天心情不好,放弃;今天就是不想动,放弃……

因为习惯了轻易放弃,放弃就成了一件自然而然的事情,任何事情都能成为放弃的借口。有时候甚至不用为放弃找借口,就顺其自然地放弃了。

当放弃成为一种习惯时，自然就没有内在力量支撑自己去坚持。因此，不是坚持有多难，只是我们习惯了放弃。

那么，放弃的"习惯"是怎么养成的呢？

● 高估困难，低估自己

前文提到的做平板支撑，其实并不难，一天几分钟而已，坚持下去就会很轻松。但在大多数人眼里，坚持做平板支撑是一件很难做到的事情，他们有一大堆的理由。比如，自己本来就意志力薄弱；只有少数人做到的事情自己肯定做不到；自己从小身体的条件并不好；我忙，哪有那么多时间；做完感觉太累了……

因为有了一大堆的理由，就不再想着要去认真尝试。一旦触碰到"不想"的时候，便轻易放弃了。

那么，导致这些理由产生的原因是什么？其实是被高估的困难和被低估的自己，两者共同的作用产生的。现实中总有这样的情况发生：人们想要放弃某件事情之前，会在心里高估困难的程度，这也是为将来的放弃提前做好了心理准备；然后就是低估自己的能力，这就为将来的放弃提供了很好的理由。因为我能力不足，难度系数又那么高，不放弃还能怎样！于是，我们放弃得心安理得。

高估困难、低估自己可分成两种情况来看：

第一种，困难是确实存在的。的确有一些事情是相当困难的，困难到还没开始做，就有些胆怯了。比如，某投标团队，在团队的个体实力、公司经费、距离远近等各方面都不如竞争对手的情况下，准备竞投。一名员工跟上司抱怨："明知道不会中标的投标项目为什么还要浪费时间和精力去做？"当下的条件的确不如对方，但也无需将困难抬高到不可战胜的程度。凡事无绝对，比不上并不代表一定会输，所以不可以轻易放弃。而前文中的这个团队全力以赴地努力，以技术标第一、商务标第四挤进第一轮，最终高价中标。

第二种，困难是假想出来的。通常情况下，真正困难的时候占比是少的，多数的困难都是臆想出来的。比如，仍然是一个投标团队，一名员工跟上司抱怨："明知道不会中标的投标项目为什么还要浪费时间和精力去做？"他的理由是各方面都不如对方，但现实是，该团队在各方面的比拼中都不比对方差，最终轻松胜出。

其实，根本没有"明知道不会中标"的投标，也没有"明知道赢不了的困难"，只是我们习惯了放弃。我们习惯性地在潜意识里加大"中标"的难度，还会找出许多理由让我们放弃得心安理得。在提高困难的同时，我们不可避免地会低估自己的能力，让"明知道不会中标"的心态占据主导，结果只能是放弃。

- 凡事都想找捷径，没有捷径就放弃

健身房里有一个怪现象，就是持续锻炼的都是身材相当不错的人。那些身材不佳的人为什么不来？那些身体不好的人为什么不来？那些整天喊着要健身的人为什么不来？

他们都在忙着找捷径呢！想找一种不用累、不用咬牙、不用挥汗如雨、不用痛苦难熬，就能甩掉肥肉、锻炼肌肉、保持健康的方法。

曾经我也是这其中的一员，我甚至还想过，能不能在少付出的情况下，学会一门格斗术呢？如今，我为自己有过这样的想法而感到羞愧。我也受到了这个想法的惩罚，至今我距离想学习的格斗术越来越远了。

其实，很多人都和曾经的我有同一种想法。他们从想要健身的开始，就在寻找捷径，今天试试这个，明天试试那个，结果发现跑步很难坚持，去健身房总是"没时间"，打球总是找不到伴儿，游泳总是找不到大海……各种理由，使得每一次尝试才刚刚开始就放弃了。但在放弃之后，还会暗自嘀咕：有没有一种躺着就可以减肥的方法？有没有睡觉就可以练肌肉的窍门？

之所以人们总想着走捷径，是因为人类的潜意识里存在懒惰因素，总想找一个不用努力或者是只需要付出一点儿努力就可以"搞定"的捷径，当找不到捷径的时候，就埋怨客观因素的不给力，然后在气愤中选择了放弃。

● 对失败的恐惧大于对成功的渴望

很多事情在做之前，我们都会无意识地预估失败的成本，因为我们害怕失败，才会特别重视失败，大脑中总有个声音告诉我们，"失败了就白努力了""失败了会损失更多""失败了会被人笑话"……此消彼长，对失败的恐惧越大，对成功的渴望就越弱，于是选择了放弃。

比如，总听到男孩子在放弃喜欢的女孩儿时说："'女神'不理我，我再努力也是没有用的。"每次听到类似的说法，我总想告诉他：孩子，你这样追得上"女神"才怪呢，因为你根本没有那么想"追"啊！什么叫"再努力也是没有用的"若仅仅因为对方"不理"就轻易放弃，那只能解释为是对失败的恐惧远大于对追到"女神"的渴望。在这些男孩的心里，自己的面子远比心中的"女神"重要，所以，放弃得理所当然，自然也失败得理所当然。

当对成功的渴望小于对失败的恐惧时，就会出于自我保护性心理，从而主动选择放弃。在这些人的心里，放弃虽然不会成功，但是也不会失败，更没有任何损失。当认为不成功也没有太大关系的时候，就会选择轻易放弃，以保证风险成本更小的"不失败"。

抗拒进步的"放羊状态"

不自律的人也是拒绝进步的人,这些人呈现出的状态也是与自律状态完全相反的"放羊状态"。所谓放羊状态,是散漫、零散、无目的的各自行动,是处于闲散、没有规划、无管制的散漫状态。

放羊状态下的人,生活得非常散漫,毫无目标性和计划性,每天都处于浑浑噩噩中,不知道自己该做什么,也不知道自己能做什么,更不知道自己将来要做什么。

放羊状态下的人,或许根本不知道自己的情况很糟糕,或许还会认为自己生活得不错,也没缺吃喝,还挺安逸的,为什么要改变状态呢?于是他们就持续"放羊",继续耗费自己的生命。

放羊状态下的人,或许也会知道自己的情况很糟糕,他们也想做出改变,但因为这种习惯已经养成,脱胎换骨般地重塑自己是非常困难的,所以很多人就在不断地纠结中持续这种状态。

我们一次又一次纵容自己"放羊状态"的习惯,会让我们失去悄然而至的机会。有些人习惯自律,有些人习惯"放羊"。当"放羊"成为习惯时,能坚持做的事情将越来越少;当自律成为一种习惯时,你会发现不能坚持的事情越来越少。

很多时候，并不是摆在我们面前的事情多么难完成，也不是我们缺少去完成的能力，只是我们习惯了放羊状态，任由这种状态侵蚀我们的思想，偷走我们的时间。

"不是井没水，而是你挖的浅；不是成功太难，而是你不懂得坚持。"放羊状态让我们离坚持和成功越来越远，也忘记了坚持其实并没有那么难。只要摆正心态，找准为之奋斗的目标，踏踏实实地努力，事情一定会向着我们想要的方向发展。而我们也终将成为自己想要成为的人。

- 明确自己的目标和价值

自律意味着你的行为取决于你能做出最好的决定这一信念，而非取决于你当时的情感。你需要决定什么行为能最好地反映你的目标和价值，这个过程需要自省和自我判断。

首先，明确自己的目标，需要自省。

认真地写下你的目标和梦想，如果能写出一个自己的任务清单就再好不过了。这样一个清单能让你更加清楚"我是谁""我要干什么""我的价值是什么""我最终想成为什么样的人"。

其次，明确自己的价值，需要判断。

你可以再列一份清单，写下已经养成的好习惯对自己成长的作用，以及通过这些习惯，让自己哪些方面的价值得到了体现，还有哪些方面的价值没能体现，明确需要什么样的好习惯才能体现。

- 清醒的认识

正确的自律依赖于对正在做的和还未做的事情的清醒认识。如果都不清楚自己的行为是不是自律的，又如何能够让自己自律呢？

当你开始自律之前，应该先捕捉自己的不自律行为。比如，拖延不想工作、刷手机、经常查看电子邮箱、熬夜等。自律不是一朝一夕就能养成的习惯，我们必须要意识到自己不自律的行为，才能有针对性地制订出最有效的计划。然后，随着时间的推移，这种意识在大脑中会变得越来越简单，使你在做不自律的事情之前就能意识到。

- 自律，可以先选择粗线条模式进行过渡

场景：

某人辞职后，认为终于恢复了"自由身"。于是，每天早上睡到自然醒，浑浑噩噩到下午再睡上两三个小时，一觉醒来天色已暗，匆忙叫个外卖，吃完后已是大半夜，才发现自己一天什么也没干，就连睡觉也变得不规律了。这样糟糕的状态持续不到半个月，他就崩溃了。

对他而言，这真的是一段混沌不堪的时光。"自由身"是个好东西，但驾驭不好就是个灾难，它就像雷神手里的锤子，大多数人拿不动，就算拿得动也不见得能舞得虎虎生风。

如此人这般的状况，生活中很常见，我也曾有过一段类似这样不堪回首的岁月。这样的经历让我明白，脱离大规范的同时，要在心里建立一个只属于自己的规范。

反思之后，我制订了一套自律的计划，开始管理自己的时间。每天早上5:00起床，下楼跑步，上午整理文章和稿件，下午看些书或者出去谈事，晚上给自己一些自由时间，每晚23:00睡觉。

那时的我，自律是粗线条的，我一直保持着悠闲的状态，不像有些自律的高手那样把每天每个时段要做的事都列得清清楚楚。因为我知道，自律的能力是需要慢慢培养的，拔苗助长很有可能前功尽弃，最后落个虎头蛇尾。

"最后一天"和"总有一天"综合征

场景1：

某人决心不再熬夜，计划每晚22:30睡觉。时间到了，他说正在下载的东西还没下载完，下载完就睡，不差这十几分钟。他一边等着下载结束，一边看电视剧《吸血鬼日记》。一眨眼就到了23:00，下载任务早已完成，但电视剧《权力的游戏》的最新一集还没有看完，他舍不得关电脑，想看完再睡。这就样，时间渐渐到了0:00、1:00、2:00……看的内容从电视剧《吸血鬼日记》变成《权力的游戏》再到《嘻哈帝国》，一个接一个，早已忘记不再熬夜的决心。等到上床睡觉时，他狠狠地再次下决心："今天就是最后一天熬夜，明天是全新的我。"

你能相信那天就是最后一天吗？反正我不信。在我过往的生活中，这种"最后一天"的誓言多到数不清，起初还非常重视，后来就如同例行公事一般了。

你是否想过，为什么我们的誓言毫无作用？最核心的原因就是缺少自律，导致自己产生了"最后一天"综合征。信誓旦旦地告诉自己这是不够自律的"最后一天"，自律将从第二天开始实施。可是真的到了第二天，情景又如何呢？十有八九是重复前一天的情景，或许我们的心里会有愧疚，或许没有任何愧疚之感；但最终一切如旧，期望着"第二天"能做得更好。

除了"最后一天"综合征外，还有一种类似的情况叫"总有一天"综合征。就是一边浪费着生命，一边安慰自己"总有一天"会做到的。

场景2：

某人被授权一个月后教授一堂很重要的课程，他需要事先做好充分的准备，他也想这么做。可是身体仿佛不受他的控制，竟然拖到只剩三天就要授课时才开始准备。之前长达一个月的时间里他都在弄一件与工作毫无关系、而仅仅是爱好的事情，其间他也注意过时间表，看着上课的时间一天天临近，他一边焦虑一边安慰自己说："再晚一天没关系，到时候肯定会弄完的。"

这是典型的"总有一天"综合征，他们将"总有一天"作为自己不够自律的最好的借口。其实，"总有一天"就是自欺欺人，追究起来连自己都不信，但因为内心充斥着侥幸心理，欺骗自己竟然"相信"了。他们认为工作晚一会儿做没什么，只要自己抓点紧，进度一样能赶上来。可究竟晚多长时间呢？他们的心里是不确定的，往往是能拖一时是一时，尽量延长工作的开始时间。几乎都会拖到不能再拖的地步，但此时所剩的时间任凭他们怎么努力都无法完成任务，这时他们才会在懊恼中开始工作。

由此可见，有这两种症状的人，必须要改变自己，将"最后一天"和"总有一天"的心态从心里根除。

- **"两分钟原则"——能做的尽快去做**

这听起来是一个很简单的方法，其实，实施起来也同样简单：即一件事可以在两分钟之内完成，就马上去完成它，或者在两分钟之内委派给他人。

"两分钟原则"的由来是因为人们发现,任何事情如果从想法到执行所花费的时间少于两分钟,完成的效率会非常高。两分钟是一个分水岭,如果在两分钟之内决定去完成一件事,很容易就会去执行。如果超过两分钟不想去做一件事,那件事很可能就会被无限期推迟了。

在工作中,上司需要你上报一份材料,你有两种处理方式(图1-1):一是如果这份材料是现成的,必须在两分钟时间内送达;二是如果这份材料需要一定时间才能完成,就把这项工作安排到接下来的时间表里,规定好具体执行的时间,或者立即交给下属去做。

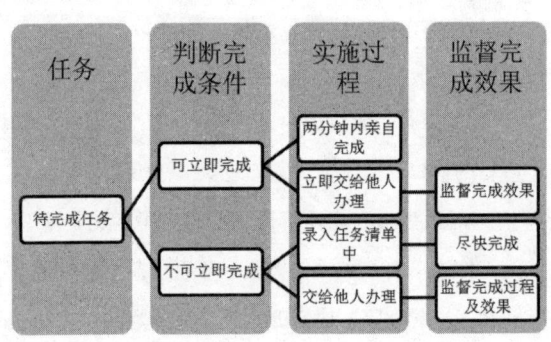

图1-1 "两分钟原则"的实施流程

当你正在做着某件事时,中途插入的任何事情都会迫使我们转移注意力,耗费我们的精力,这就是大块时间被打断后效率低下的重要原因。两分钟原则避免了这种消耗,立即去做,既完成了突发的事情,又没有耽误当下事务的完成,还保证了没有遗漏情况发生。

- "20秒规则"

"最后一天"和"总有一天"状况的发生,在很大程度上是因为没能即时开始。通常在准备开始时，人们总想找各种借口来推迟。可一旦开始做了，反而不觉得困难了。因此，如何即时开始，是避免这两种综合征有效的方法。

那么，要怎样治愈"开始困难症"呢？行之有效的方法是形成一种"极速行动力"：即利用20秒的勇气去做一件事。万事开头难，开始做某事时，往往需要一股子勇气。比如，可以用20秒的勇气开始在电脑上写作；可以用20秒的勇气来穿上你的运动鞋开始跑步；可以用20秒的勇气拨通必须要联络对象的电话；可以用20秒的勇气宣布一件未来必须要做到的事情……

这个方法非常直接并且实用。各种借口在这20秒面前迅速变成渣，仅仅20秒，你就能感受到内心的畅快感；焦虑在这20秒面前会被迅速丢弃，仅仅20秒，你与焦虑的距离被愈拉愈远。

● 自我驳斥法

相对于前两种更系统的方法，这只是个小方法而已，但作为应对"最后一天"和"总有一天"综合征随时招之即来的借口，还是很好用的。

方法的应用很简单，我们以本节的两个场景为例：当想下载完再去睡觉时，可以立即反驳自己："难道明天不可以继续下载吗？"当想要看完电视剧《吸血鬼日记》时，也要立即驳斥自己："为了这个就不睡觉了吗？以后就不能看了吗？"当想在工作时间去完成一件与工作毫无关系的事情时，也必须立即反驳自己："这件事根本没必要做，工作才是必须要做的。"总之，只要我们不想"最后一天"和"总有一天"成为现实，我们的理智足可以找到反驳借口的理由。

"悠闲者"的困境

场景：

某人对自己说，10:00准时动笔。然后10：42了，再对自己说：11:00开始吧！转眼间11:44了，他再对自己说：好吧，吃过午饭，到13:00一定写！中午看看网页、刷刷手机，时间就到了14:19。他下定决心14:30一定写。可是，一直到了19:00他也没有写。此时，他只能安慰自己：余下的时间尽可能快地写吧……终于，到了午夜，他这一天只写了几行字。

他这是怎么了？怎么这么不愿意工作呢？看他的时间表，他一定很悠闲，一天都没有工作。如果他真的觉得悠闲，就不会一次一次地希望自己能尽快工作了。他的心态代表了所有这种状态的人，这样的悠闲没人想要。

富坚义博，日本漫画界的创作大师，同时也是"拖稿大师"。他的超人气漫画《HUNTER》（《全职猎人》）时断时续，全凭兴致，时常因为他疯狂地玩游戏就休载几个月，鬼才知道下一期连载要等到什么时候。可怜的粉丝被他搞得人格分裂，一边祈祷他长命百岁，一边又恨不得他被地震震死，做个了断算了。

他把粉丝搞得这么"惨"，自己也很痛苦。他讨厌自己无可救药的拖延，不愿意享受这种变态般的悠闲，却又无法克制。他说："只要坐在工作桌前，脑子里就会涌出来稀奇古怪的想法，如果继续工作，就感到非常困倦和厌烦，但一想到要去做其他事情，就会精神抖擞。"

这种"悠闲"的困境，我们都曾遭遇过，比如时不时想去滑动一下手机界面，就像老虎机的拉杆一样，这个惯性动作的本身仿佛有一股魔力，随时都能打断我们的工作或学习，让我们无法集中注意力，更不要说保持自律了。

- "15分钟效率法则"——结束慢热状态

针对陷入困境的这类"悠闲者"，著名心理医生沃克·威廉森给出了运用"15分钟效率法则"的建议。

"15分钟效率法则"的具体应用是，强迫自己在工作开始的初期专注15分钟，通过这15分钟使自己完全进入工作状态。这是有助于产生积极的势头的方法，用以克服拖延工作和无法专注工作的坏习惯。

威廉森建议受困扰的"悠闲者"们，从下一次工作就开始运用这一方法，运用的过程中必须强迫自己不像往常那样先去做一些无用的琐碎的事情，而是按照下面的步骤执行：

（1）确定一件自己必须要做的正事；
（2）关掉或截断所有干扰源，必须保证在15分钟内的绝对安静；
（3）立即开始，不可拖延；
（4）在15分钟时间里，不中断地、投入地做单一的一件事；
（5）15分钟后，如果坚持不住，那就放弃或是做其他事情。

通常3~5天后，就会看到一些效果。一位咨询者在运用此方法3天后，打电话向威廉森回馈说："我发现在投入地、单线程地工作15分钟后，我就不想停下来了。即便是那些原先一点动力都没有的事，在沉浸了15分钟以后，我也变得乐意去完成它了。"

毫无疑问，这位患者找到了解决问题的好方法。为什么这个方法会奏效？最主要的原因是让人有了一种积极的势头。这种积极的势头是在坚持了15分钟后自然呈现出来的。当你连续15分钟投入地做一件事后，就已经形成了一种思维和行为的惯性，此时就很难转变方向去其他道路了。

● 做自己行动的主人

以前总觉得想干什么就干什么，就是自由的，就是做自己的主人。但最终却发现，那种"每日回家就窝在沙发上，周末恨不得一天都窝在床上度过"的生活让我变得异常懒惰，并且不快乐。

学生时期和同学们买了许多本单词书，一个学期过去了，却只翻了前几页；和朋友一起办的健身卡，快过期了才去过寥寥几次；答应要在规定时间内交的稿子，总是无法按时完成……每次制订的计划因为自己的懒惰而中止时，每次充满干劲儿却被外界诱惑中断时，我的内心都充斥着不安，只是这种不安感总会被彼时所谓的"自由选择"的"轻松感"给遮掩住。

想到了这些，我终于醒悟，曾经的自己有相当一部分的不快乐正是来自这种空虚的"自由"里，它让我的生活不受控制地走着下坡路。

想通了这些，我决定改变，变为一个自律的人。在我开始养成自律的初始阶段，那种曾经莫名会冒出来的不开心情绪就少了许多，每天完成工作后都有一种充实感，也能精力充沛地沉下心来做感兴趣的事，就连睡眠质量也好了许多。以前在懒散的状况下，睡前的状态总是懊悔加焦虑，因为想到一天并没有做一件有实质性意义的事，甚至还有留待明天完成的任务，心里很是烦躁。

时至今日，我终于明白，其实自律就是做自己行动的主人。只有自律，才能拥有最大限度地掌控自己生活的能力。

你有自律的心,更要有自律的手

美国哲学家亨利·戴维·梭罗说:"真正有效率的劳动者,不会经常制订计划,而是将一份计划坚持到底。"

场景1:

A得知有人一年读一百多本书,心生向往,所以决定从明天开始自己的读书计划,结果书单还没收集完就失去了耐心。

场景2:

B看到别人能说一口流利的英语,两眼放光,希望未来的自己也可以如此这般,结果英语书买了一堆,原声电影下载了无数。但最后的结局是英语书送人的送人,电影删除的删除。

场景3:

C看到有人半年减肥100斤,唏嘘感慨,盯着人家傲人的腹肌和人鱼线,决定重拾搁置已久的健身计划,结果咬紧牙关买的跑步机,最后还是落满了灰尘。

以上这三种状态,据说许多人都会"躺枪"。他们只有一颗想要自律的心,却没有一双实现自律的手。想得再好,也要靠脚踏实地的执行,没有执行的自律就是空谈。

曾经的我，就是一个典型案例。回到家里只要平扫一眼，到处都是无法自律引发的溃败局面。桌上成堆的书籍烂了尾，墙角孤立的网球拍落满了灰，健身卡早就不知了去向，几天前买的食材因为懒得做都腐烂掉。这一切让我明白，我只是比彻底的空想家稍微进步一点点的"行动派"，凡事都是浅尝辄止。

为了打破这种糟糕的状态，我曾N次下决心改变，但每次都和上一次一样，无疾而终了。但我很庆幸，终于有一天，我真的开始行动了，从早起开始，一点儿一点儿地改变自己。逐渐地通过早起这一件事的自律，牵一发而动全身，慢慢地，原来生活中那些不忍直视的恶习逐渐得到了扼制。

但我必须承认，自己离高度自律还有很大的距离，只是与混乱的从前相比，现在的生活节奏更棒了。

- 三周自律训练的原理和原则

自律由三种力量协作而成：我想做、我不做和我要做。

我想做，是我们真正想要做的事情，也是我们的长期目标；我不做，是那些妨碍我们长期目标实现的事情，但却能给我们带来即时快感的诱惑；我要做，是为了得到想要的结果而做的事情，也是实现长期目标的执行。

如果这三个力量能够加强，自律能力自然就能够得到提升。在此，需要记住以下四点：

（1）自律不可能一天就突然改变。

（2）自律能力和肌肉一样，可以通过循序渐进的训练改善。

（3）自律能力和肌肉一样，会有能量消耗，也会感到疲惫。

（4）自律能力和肌肉一样，可以通过训练提高耐受性。

很多人总是突然下决心：从明天开始进行自律训练。但往往坚持不了几天就放弃了。这是因为他们并不了解自律的养成和举重一样，一个平时没有练习的人，不可能突然就能举起根本举不动的重量。

我们经常误解意志力是一种可以迅速建立的"个人品质"，但实际情况并非如此，与自律有关的问题，从不会是速成的，只能是循序渐进地被练好。

自律能力也是有限的，会被消耗掉。我们可以通过训练让它更耐耗，但是不要指望开始的时候就一口吃成个胖子，可以通过训练让自律的能力越来越强大，越来越耐受。

整个训练的框架都围绕着提高三种力量进行（图1-2）。要加强"我想做"的欲望，让长期欲望比短期欲望更加强烈，让"我不做"的拒绝力量增加，最后让"我要做"的执行力持续。

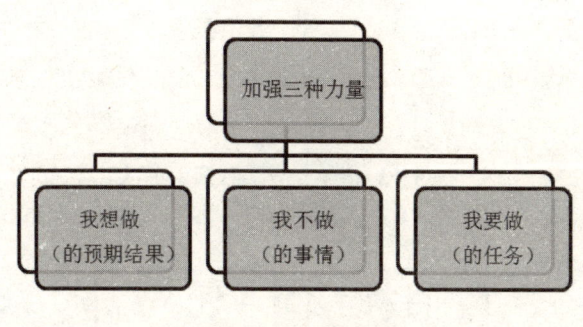

图1-2　三种力量

在开始前一定要记住的3个训练的原则：第一，由简入难；第二，循序渐进；第三，别有压力。

原理和原则交代完毕后，下面就需要知道该如何训练了。训练的时间定为三周。对于大多数不自律的人而言，三周的时间足以形成相对自律的模式，这也符合心理学上提出的"21天习惯"。当然，不是三周训练结束后就一切都可以了。想要将自律坚持到底，必须要在未来的时间里持久保持，让坚持成为习惯，让习惯伴随一生。

● 三周自律训练的具体实施过程

在未正式讨论前，先来看看三周自律训练是如果安排的。

第一周——增强"我想做"的力量。

第一步，承诺遇见未来的自己。为自己设置一个目标，当未来到达时，看看现实中的自己与目标中的自己，是否重合。重合即视为目标完成，不重合则视为目标未完成。注意，尚处于新手阶段时，不要设置非常长远的目标，可以设置一个近期的时间限制，可以从三个月甚至一个月开始，然后逐渐设置得更长期一些。

比如，一个月后的自己要达到：没有黑眼圈、体重不增加、英语词汇量增加1000个。通常我们提倡最多列三个，不要贪心，防止心态疲劳。

第二步，列出一份执行清单。有了目标就可以设置任务了，任务和目标的数量一样，而且要相对应（图1-3）。

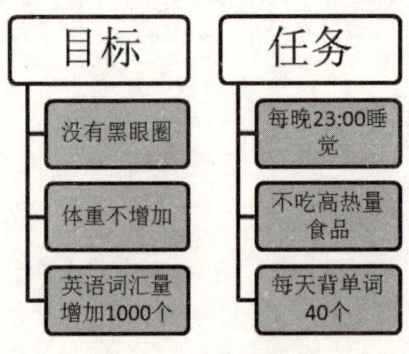

图1-3 列出执行清单

注意，任务是可以量化的。比如"每天背单词"这个任务，如果不进行量化，就没办法考核完成的情况，一天背1个单词也是背了，背100个单词也是背了。所以，任务给出了量化数据——每天40个。

第三步，睡前五分钟冥想。闭上眼睛，想象完成清单上任务后的自己将是什么样的？越具体越好。不要害羞，也不要觉得可笑，大胆地去想，刺激大脑中"我想做"的欲望愈发强烈。

第二周——增强"我不做"的力量。

第一步，驾驭冲动，不要摆脱。我们总是不能和自己的原始欲望和平共处，导致"刺激性反弹"，即越想"不是奶油蛋糕"，结果满脑子里都是奶油蛋糕。所以，调整好心态，告诉自己，我就是喜欢吃奶油蛋糕，我不要摆脱，我只要和平共处就可以了。这样压力就降低了，欲望反而也随着降低了。

第二步，放慢呼吸，等十分钟。当想吃奶油蛋糕的冲动来临时，切记不能直接说"不行"，这样做除了徒增焦虑外，没有任何作用。你要做的是，停下正在做的事情，同时放慢呼吸，平稳心神，安静地等待十分钟。十分钟过后，如果还想做这件事情，那就去做好了，如果已经不想做了，那就不要做。

第三步，可视化。你可知，你的每一次及时行乐的行为都是在阻碍你长期目标的实现。但因为没有视觉化的表现出来，这种日积月累的变化不容易被看到，于是下一次还会有"就吃一口没事的"或者"偷懒一会儿没事的"这样的心态（图1-4）。

图 1-4 增强"我不做"力量的可视化图示

图1-4中,以7天为节点,每一个红心和菱形相对,代表一天。实心红心代表当天完成任务,空心红心代表当天没能完成任务,而与此对应的则是实心菱形。通过这样的可视化图列,可以很清楚地看到完成任务的状况。

第三周——增强"我要做"的力量。

第一步,从小事做起。小事是大事的基础,小事积累到一定的时候,就可以开始练习大事了,这时候你会发现,练习大事变得轻松了很多。

第二步,坚持十分钟。如果某件任务列表内的事情,你实在不想做,就告诉自己"只做十分钟",这样可以大大降低心理负担和压力。因为很多大事都需要花费较长的时间去完成,每次一想到要耗时很久,内心就开始产生抵触情绪了。但只要你坚持,就会发现可以慢慢延长时间,这个十分钟过后,还可以再来一个十分钟。

第三步,时间管理。不用赘述,时间管理对于自律的养成是非常重要的。

第四步，找好集体。自律是会传染的，如果你在一个人人都自律的集体中，你的自律能力也会不知不觉地变好，若是所在的集体自律能力都很差，即便你的自律能力很好，也很难不受影响。所以，无论是学习还是工作，一定要优先选择自律能力好的集体。

最后，我们将三周自律训练用图表的形式来进行概括（图1-5）。

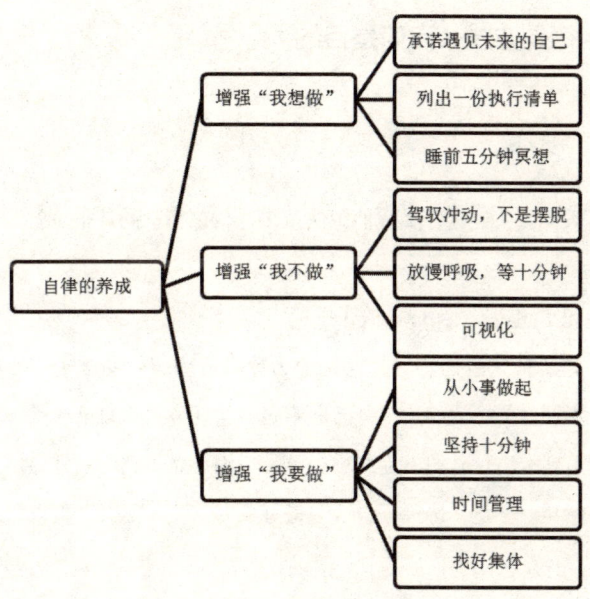

图 1-5 三周自律训练的总结

自律是方式，自信是目的

有人问我："为什么我们想法很多，付诸行动的却很少？"

我反问："你为何不做？"

他想了想说："怕失败吧！"

我告诉他这就是答案，这是他为什么成为"行动矮子"的根源。害怕是不够自信导致的，怕自己做不到，怕任务艰难自己会受苦，也怕因为做不到带给自己的不良影响，更害怕因为做不到而被外界贴上"无能"的标签。于是，选择了自认为最好的办法——不做，借以躲避内心的忌惮。

那么，是不是不做就可以了？如果真能这样还算不错，但现实中，没有人会因为害怕而不去做某件事就不再惦念这件事了。比如，我喜欢斯诺克，可一直没能学会，因为我总是担心我那"颤颤巍巍"的出杆动作会被人笑话。但和我同样喜欢斯诺克的一位朋友，就抛弃了害怕的顾虑，每天拿出一个小时的时间来练习，一年365天从不间断。即便是左手虎口疼痛，右手腱鞘炎发作，都没能阻止他练习，有了困惑也会积极主动地去请教别人。如今三年过去了，他已经是业余斯诺克高手了，还经常参加比赛。当初和我一样是绝对的"菜鸟"，可如今我只能望其项背了，为此他对我说："想要获得自信，行动起来，自律会帮你实现。"

"实践是检验真理的唯一标准。"当你有一个想法或行动方案时，就要去实践。在实践的过程中需要自律的帮助，缺少自律，实践就是昙花一现，而有了自律，实践就能坚持到底。

- 放弃烂借口，主动挑战自己

不够自信的人，挑战自己是树立自信的好方法。我的想法是，既然认为自己"差"，何不就挑战一下自己，反正也是"差"，挑战不成功也没什么，但如果挑战成功了岂不是赚到了。我可以负责任地告诉你，挑战自己的最终结果是基本上都会赢，因为只要想坚持，就没有不成功的！

场景：

有一位朋友，自幼身体素质就不好，每到冬季就格外保护自己，可还是经常感冒，而且持续时间也较长。一位医生建议她，何不锻炼身体试试？她告诉医生自己心脏不好，不适合锻炼身体。后来我劝她说："你就权当挑战一下自己，有效果最好，没效果也不会损失什么。不要总想着心脏不好，或许身体素质好了，心脏也就健康了。"

此后她真的开始锻炼身体了，时常出入健身房，做轻量运动，如今她已经是冬泳的健将了。这种蜕变真令人吃惊，我问她："你是怎么坚持过来的？心脏的问题还担心吗？"她说："一开始是很艰难的，身体吃不消，肌肉感觉要化了一样。第一次洗凉水澡也很难受，凉水浇到身上时，瞬间就感觉冰冻了。我一边哭一边劝自己要坚持，其实那个时候每次开始锻炼之前，内心都会作一番斗争，但很庆幸，我挺过来了。"我观察她的神情，如今脸上只有身体素质超好和冬泳女将的自豪感。

虽然挑战初期很艰难，但当你终于通过了挑战，你会意识到自己也是十分厉害的。当你通过不断的自我挑战，最终能够自信地面对生活抛给你的任何难题时，你才真正知道自己的强大。

● 设定一个接一个的小目标，逐个突破

罗马不是一天建成的！自信也不是一日能寻回的。循序渐进，让自己体验成功的感觉，让自己习惯成功的感觉。

可以先为自己确立一个小的奋斗目标。比如，两小时内写出一篇3000字的短文，三天时间筹备一个小型聚餐会，一周时间记住500个英语单词，等等。

小目标可以根据工作的程序化定位若干个子目标，在完成到某个子目标时，可以适当奖励自己。比如，弹一会钢琴、听一段优美的音乐、吃一个苹果、远眺一会儿、买一本向往已久的书，等等。

前文中那位业余斯诺克高手朋友，他在学习台球出杆技巧的过程中，曾奖励了自己三次：第一次出杆姿势正确，他奖励自己当天多休息半个小时；第一次找准击球点，他奖励自己一本《RUNNING》（罗尼·奥沙利文的自传）；第一次凭"实力"打进一个球，他奖励自己一根质量不错的球杆。

如此，通过一个又一个子目标的实现，小目标就会成功。再通过一个又一个小目标的实现，可以明显地感觉到自己在进步，更容易体会成功，同时也增强了自信心。

哈佛大学教授亨利·梭罗说："自信地朝着你想的方向前进！过你想过的生活！随着自信的激励，人生的法则也会变得简单，孤独将不再孤独，贫穷将不再贫穷，脆弱将不再脆弱！"

第 二 章

很多的"厉害"都是由好习惯塑造的

平庸者的习惯与成功者的习惯一定是两种风格,即随意和规律。本章列举了塑造好习惯的一系列流程,从强制干预到最后抵达,仅仅七步,就能改变你的人生走向。

你的习惯决定你的未来

一个人一天的行为中，大约只有10%是属于非习惯性的，剩余90%的行为都是习惯性的。一个人从起床开始，洗漱、穿衣、读报、吃早餐、驾驶、工作、汇报等，每天的生活都充斥着形形色色的习惯，并被习惯影响着。

《美国传统词典》中给习惯的定义是：习惯是一种重复性的、通常为无意识的日常行为规律，它往往通过对某种行为的不断重复而获得，也表示思维和性格的某种倾向，或者一种习惯性的态度和行为。

有这样一个段子：

一位富豪死了，他的财产由一位远房的亲戚继承。这位亲戚是一个靠乞讨为生的乞丐，在接受了遗产后他立即成了百万富翁。有人问他继承了这笔财富后想做的第一件事是什么？他回答说："我要买一个好一点的碗和一根结实的木棍，这样我以后出去讨饭时就会方便一些。"

在这个乞丐的心中，乞讨已然成了习惯，他不断重复着乞讨的行为，思维和性格变成了自动化，进入了潜意识。我们的思维和行为深受习惯的影响，即便当下环境已经改变，我们仍难以脱离旧的习惯。

习惯的力量是强大的。如果这种习惯是负面的，我们会一步一步沦为坏习惯的牺牲品。比如拖延，明知道工作需要在规定的时间内完成，眼看时间流逝而焦虑不堪，也无法投入工作。再比如减肥计划，看到美食管不住嘴，再好的减肥计划也只是计划。

任何坏习惯都会毁掉你。那么，在坏习惯毁掉你之前，就应该先消灭坏习惯，然后重新建立起新的、对自身发展有益的好习惯。

● 第一步：认识自己

认识自己是很大的命题，但并不复杂。最简单的方式是向自己提问，在自问自答中认知自己。

比如，我现在是什么样的人？我是为什么成了现在这样的人？我希望自己成为怎样的人？我的那些坏习惯在阻碍我成为我希望的人吗？我要如何改正这些坏习惯？……

在给出答案时，最好的方式是分类，心理状态是一类：如拖延、懒惰、无目标无计划、冲动、认知片面、侥幸、自卑等；行为方式是一类：如随地吐痰、乱扔垃圾、不讲卫生、不爱运动等；习惯动作是一类：如挠头、眨眼、吐舌、挖鼻孔等。

有了各方面的分类收集，再经过汇总，就会得到我们对自身的认知。

● 第二步：需要时间积累

改变一个坏习惯需要多少时间？这取决于坏习惯养成的时间长短和自身决心的大小。

一年的坏习惯和十年的坏习惯，明显不是一个级别的。改掉一年的坏习惯，"21天习惯养成法"就可以应付，还不容易反复。但要改掉十年的坏习惯，可能需要数个"21天习惯养成法"，而且反复性会很强。反复性来自改变带来的巨大压力，每次反复都会加长改变一个习惯的时间（图2-1）。

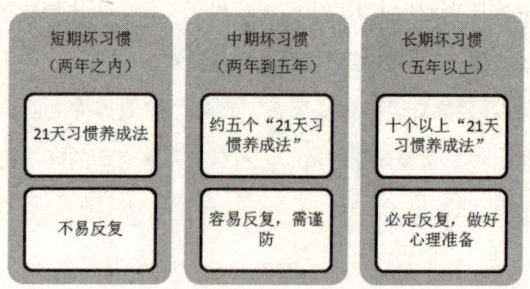

图 2-1　坏习惯形成周期与改掉周期的对比

自身决心的大小对于改变陈旧性坏习惯有着不容替代的作用。根据行为心理学的研究结果表明：三周以上的重复会形成习惯；三个月以上的重复会形成稳定的习惯；六个月以上的重复就会形成反射性的习惯。即同一个动作，重复三周就会形成新的习惯，时间越长，习惯的稳定性越高。

争取每年养成4~8个好习惯，五年后你就养成了20~40个好习惯，到那时想不成功都难。

- 第三步：缓起步，慢行进

成功是一种习惯，失败也是一种习惯。为何会成功，因为运用了正确的方法；为何会失败，是因为方法失当。

做到使用正确的方法有几个小窍门可供参考：

第一，不要用力过猛。对于自我改变，人的惯性思维是一步到位，立下决心从明天开始每天背100个单词、每天沿操场跑10圈、每天看1本书……突然制定出巨大的目标，产生的动力虽大，但很不容易坚持。目标周期越长，惰性积累越多，极易因为不适应而回到原状。

第二，步伐迈得小一点儿。起初阶段步伐应该慢一点儿、小一点儿、稳一点儿，这个阶段的终极目的是养成好的习惯，而不是为了取得多大的成绩。比如每天背5个单词、每天绕操场跑两圈、每天看20页书。当好习惯养成后，再提升习惯的强度。

第三，挺过最初的过热期。坚持做一件事，开始的一段时间是最难的，三分钟热度很快退去，就会失去最初的新鲜感和动力，不坚持就会懈怠。这种状况下，要保持清醒，要明白过热期是一定会退潮的，随之而来的是烦躁期，内心不愿意坚持的声音越来越响亮，此时我们要不断地提醒自己，这是必须要经历的，挺过去就好了，若挺不过去，那之前的一切努力都将作废。

- 第四步：不找借口

借口是永无止境存在的，只要想找，总是会说服自己的。比如我没有文化，挣不到大钱；我没有时间，怎么健身；我没有关系，人家当然不会聘用我；我能力不够，自然水平不高……

借口的作用是什么？除了能掩盖当下的不作为，还能掩饰未来的不努力。借口就是自己对自己的妥协，今天妥协了，明天坏习惯依旧，久而久之，坏习惯越来越重，你距离成功也就越来越远。

对上述举例的几项借口，任何一项都是可以通过自身努力而改正的。如没文化，可以学；没时间，可以挤；没有关系，就找关系；能力不够，就逐渐提高。只要我们养成努力自律的好习惯，当下的任何坎坷都将得到彻底的解决。

从今天起，你要培养的习惯，将决定你的未来是富有还是贫穷；健康还是不健康；幸福还是不幸福；成功还是不成功。

最后，跟大家分享一句话："卓越不是一次表演，而是一个习惯。"

干预：叫醒低分值的习惯

习惯分为低分值和高分值两种。低分值习惯就是坏习惯，不能帮助我们获得成功；高分值习惯则是好习惯，能帮助我们获得成功。因此，我们必须赶走低分值的坏习惯，并且是彻底地赶走，然后重新注入高分值的好习惯。

但现实中坏习惯总能更快地被人们所接受，因为坏习惯更加贴合人性中的劣根性。当坏习惯和劣根性完美地结合后，再想连根拔除将非常困难。

院子里有四棵植物，第一棵是刚刚冒出土的幼苗；第二棵是挺拔的小树苗；第三棵是有手臂粗细、枝叶茂盛的树；第四棵是巨大的橡树，即便你仰头也难以看到树冠。

老师让一个学生将四棵植物都拔出来。这个学生很轻松地拔出了第一棵幼苗；又略加力量连根拔起了第二棵小树苗；再用双手全力以赴拔出了第三棵树，但他的手被划伤了；最后他放弃了对第四棵橡树的尝试，因为他觉得根本没有可能。

"我的孩子，"老师叹了一口气说道："习惯对生活的影响多么巨大！"

我们的习惯就像故事中的植物一样,幼苗很容易被拔除,但随着时间的推移,越是根深蒂固,越是难以根除,即便拔出也会让自己痛苦不堪。再看那棵橡树,太巨大了,就像积久形成的习惯,令人生畏,让人怯于尝试改变它。

那么,让我们难以拔出的坏习惯是怎样养成的呢?

什么是"相信系统"?它是指来自外界对我们的评价和看法,我们采纳了,相信了外界。

首先,坏习惯和"相信系统"是相辅相成的(图2-2)。坏习惯证实了"相信系统"的信息,"相信系统"也支持了坏习惯的蔓延。比如,你认为自己能力不够(相信系统),完成不了一个有难度的策划案,最终在不断的拖延和怠惰下(坏习惯),策划案没有完成。

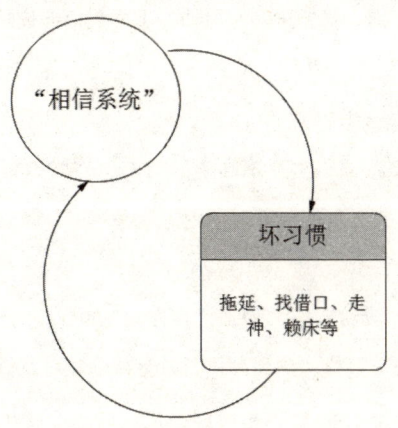

图2-2 坏习惯和"相信系统"的关系

其次,你的坏习惯与生活的环境密切相关。你经常与谁在一起,你的行为就会趋近于那个人;或者你生活的环境是怎样的,也会影响你的所作所为。比如,你的哥哥整天游手好闲,那你也很可能会染上他的坏习惯。再比如，附近先后有几个孩子考入名牌大学，就会带动某些好学的孩子继续努力。

当然，坏习惯的养成最重要的因素还是因为自己缺乏意志，即使认识到坏习惯对自己非常不好，也依然无法克服。因此，我们不能姑息坏习惯的存在，发现一个拔除一个，不给坏习惯幼苗成长的机会。我们要把有限的土壤留给好习惯，生根发芽，直至长成参天大树。

那么，要如何识别我们已经养成的坏习惯呢？

识别坏习惯是改掉坏习惯的前提。识别坏习惯有两种方式可供参考，一种是通过别人的眼睛看自己，请别人更加客观地指出自己的不足；另一种是根据人类劣根性的共性特点来看自己，找出自己有哪些不足。

叫醒了坏习惯，就要进补好习惯，下面我们向成功者学两招：

- **复制成功者的优点**

所有成功者都懂得需要不断挑战自己，经常审视自己的习惯。他们身上有很多优点，我们必须要动用"拿来主义"将这些优点汇总，再逐个复制到自己身上。

首先，搜寻成功者的"最强优点"。成功者身上的优点我们不能照单全收，要去粗存精，找到对我们最有帮助和对我们自身的坏习惯最相克的。

其次，要从最日常、最常见的优点开始复制。不要想一开始就做出多么巨大的改变，我们的坏习惯是不会轻易妥协的，要懂得循序渐进，以小博大。如成功人士几乎都有一个共同点，就是早起，这是很日常的行为。那我们就从早起开始约束自己，经过一段时间的坚持，养成早起的自律习惯。

最后，与我们自身坏习惯最相克的优点，优先复制。每个人的坏习惯看似繁杂，实则是一个整体，有一个核心，如果将这个核心根除，其他坏习惯的战斗力将大幅下降。比如，很多人的坏习惯都来自拖延，最终演变为极度拖延。那就从现在开始根治拖延，给自己制定几条规则，并坚持做到。当拖延不再时，你会发现很多坏习惯不治而愈了。可以想象，要做到这一点绝非易事，犹如脱胎换骨般的重塑自己。但想一想自己的未来，自己向往的生活，要想成功就必须经历这个过程。

- 从了解到改变，培养成功的习惯

从发现坏习惯到确定好习惯，是一个看似简单，但执行艰难的过程。我们要培养的好习惯，除了那些具有共性的，如勤劳、守时、坚强等，更多的是非共性的，根据个人需要而定。具体步骤如下：

（1）清楚地认识到自己的坏习惯。专门拿出时间，列出所有正在侵蚀你的坏习惯。必须要诚实，不能有所隐瞒。

（2）了解坏习惯可能带来的后果（有的可能多年后才产生）。考虑坏习惯对你的长远影响，这有助于我们对其的厘清，以及从哪里开始改变。

（3）确定你要培养的成功习惯。这往往是与坏习惯相反的好习惯，比如，酗酒——戒酒。要能清晰地描述好习惯对你的好处（理由）以及对未来发展的助益，这是行动的动力。

切记，只有你决定改变，并付诸行动，改变才会发生。

开启：自律在行动中形成

美国作家罗伯特·波斯特说："不管你做什么事，你想能把你想死，但你做永远做不死。"这句话告诉我们任何事情都要动手去完成，而不是靠脑袋去想。因此，自律形成的前提是付出行动，只有在行动中按照一定的准则主动约束自己，有所为、有所不为，才会逐渐养成自律的习惯。

因为自律的作用巨大，很多人对待自律有着非常神圣的感觉。因此，我们渴望拥有自律，但却更希望能在付出较少行动的情况下养成自律的习惯，显然这是不可能的。自律只能在行动中产生，除此以外别无它法。

● 有目的地选取好习惯取代坏习惯

场景：

某人下决心开始戒烟，运用了"阶段递减戒烟法"，第一天抽10根，第三天抽9根，第六天抽8根……直至最后彻底戒烟，然后坚持住。他达到了戒烟的目的，但为了坚持不抽烟，每天吃很多东西。结果短短三个月就胖了四十多斤，又面临要减肥的问题。

这种情况在现实中很常见,想要改掉一种坏习惯,却没有考虑用什么样的好习惯进行替代,就会出现一个坏习惯刚离开、另一个坏习惯又养成的局面。

因此,开始改变之前要有目的地选取好习惯来取代坏习惯。这个目的性一定要对未来的发展有所补益。还以戒烟为例,可以选择做瑜伽、慢跑、散步、球类运动、骑行等方式,其中的每一种好习惯都对身体健康有好处。

● 从坚持一件小事做起

从一件小事做起,这个方法教会我们怎样迈出第一步,因为自律初期的步子不能迈得太大,应该从一件看似不太起眼的小事做起。

从小事做起,就是把大事细分成小事,把大目标转化为小目标。比如想养成写作的习惯,规定一天5000字,可能热情很大,决心很足,但真正要去实施时,一想到每天5000字的量,就会动摇,觉得自己可能完不成,各种借口也会随之出现。比如,从来没写过、不知道该写什么、没必要必须写吧、今天暂时不写也没什么……有了这些想法,这个计划恐怕还未开始就会"流产"了。如果将每天的量定在500字,这是一个很轻松就能完成的目标,却能帮助我们顺利地踏出自律的第一步。

千里之行始于足下。勇敢地、坚定地踏出第一步,让自律有了开始,才有以后进一步精进的机会。因此,利用"婴儿学步"的方法,你就会逐渐地对要坚持的事情感到习惯,进而习惯成自然,产生持续性动力。

● 简单记录,找出执行自律中的不足

记录是很多地方都会用到的方法。记录的效果在于能够消除"随意"的感觉，客观地掌握现实。一个人打算节省开支，如果只是凭感觉去节约，而不是通过记录，是非常抽象的。但记录就不一样了，记下自己的每一笔开支，就有了确切的概念，知道自己哪部分超支了，哪部分还可以再压缩。

因此，记录可以帮助我们客观分析问题、减少不确定性、提高动力。在坚持自律方面，记录更是必不可少的。记录下自己一天具体做的事，或者每个时间要做的事，用以检查这一天是否完成了预期的工作，是否浪费了时间或做了无用功，在自律方面还有什么可以改进。记录的表格，仅供参考（表2-1）。

表2-1 记录自律行为的表格

2018-10-03		
时间	任务	备注
6:00 起床、运动、吃早餐		
8:00 开始工作	至12:00 完成3000字	从9:00开始工作，会见客人
13:00 开始工作	至15:00 完成1600字	
15:20 出去修车		工作人员有事未到，导致修车时长延迟
18:40 做晚餐		
19:45 散步		因白天事情耽搁，散步时间缩短
20:30 晚间阅读	三篇关于心理学的公众号文章即可	
……	……	……

表2-1是一份记录并不详细的表格，这是我个人的习惯。要想知道每一天的大块时间的去向，这样的表格完全可以。

还可以制定"表中表",就是在第一份表格的基础上,制作出另一份嵌套性表格,即对第一份表格中的某一项任务的时间进行更加具体的记录(表2-2)。

表 2-2　记录自律行为的嵌套性表格

时间	任务	备注
8:00 开始工作	至 9:00 完成 857 字	开篇较难,字数较少
	至 10:00 完成 1289 字	
	至 11:00 完成 1315 字	
	至 12:00 完成 570 字	电话沟通占用半小时,但完成任务要求
13:00 开始工作	至 14:00 完成 920 字	
	至 15:00 完成 1402 字	超额 353 字

嵌套性表格可以记录碎片时间的去向。当然,怎样做记录,需要怎样的表格,完全由个人需求而定。

值得注意的是,记录不要过于烦琐,表格不要太过复杂。有时间、任务项和少许备注即可,而且搁置于随手可及之处。例如,工作计划的表格放在办公桌上,减肥计划的表格可以贴在体重秤上。切记,坚持每天都记录,在关键环节处也要详细标注。

投入：种下一个行动，收获一种行为

心理学巨匠威廉·詹姆士说："播下一个行动，收获一种习惯；播下一种行动，收获一种性格；播下一种性格，收获一种命运。"

行动是可以播种的，这就是自律的由来。我们将养成某种行为作为目标，然后按照这种行为来规划自己的行动，最终在不断的坚持下，收获这种惯性的行为。

场景1：

A夫人生完孩子，为了保持身材，一直在坚持跳瘦身操。不管上班多累、带娃多苦，她都坚持不懈，没有一晚间断。她家晚上的场景：她在客厅跳操，丈夫在卧室写作。

场景2：

B先生工作期间经常偷懒，玩玩手机，看看网页，甚至打打小游戏，美其名曰是求得精神上的放松。然而分神的过程中，他却感觉不到任何放松，反而心里更加焦虑，数次下决心要改变，但从未付诸行动。

两种场景两种状态，也决定了两种心境。

A夫人是非常自律的，仿佛种下了每晚锻炼的行动的种子，她的坚持让她收获了自律的习惯，而且一种行为形成自律后，会有很多行为跟随着形成自律，这会让她得到更多有益的收获。

B先生显然缺乏自律，虽然下了一个又一个决心，但却见不到他付诸行动。他也想收获自律的行为，但因为他并未播下自律的种子，所以最终将无法收获。

其实，在坚持自律的过程中，A夫人一定比B先生获得更多精神上的自由。虽然B先生看起来挺轻松，但正像场景中描述的那样，他的心里并不轻松，因为明知当下的状态是错的却仍然在持续，他心里的负罪感和内疚感只会不断增多。

我们给B先生的建议是：在想要分神的时候，强迫自己顶住诱惑，稳住心神坐在电脑桌前，坚持完成工作。

我知道，这个过程是痛苦的，早已成形的坏习惯已将我们绑架，想要摆脱只能将自律进行到底。

我保证，在完成工作的那一刻，B先生才真正地感受到了精神上的自由，这时再去消遣地玩，心里就感觉舒坦多了。

- 把准备"种下的行动"大声说出来，避免放弃

我们总是暗中下决心要努力，然后默默地开始。但常态是，很快就被自己放弃了，因为努力总是不容易，但放弃总是容易的。有一个方法，可以有效阻止我们放弃，就是说出来让别人知道，利用他人来监督自己。

但并不是每个人都愿意说出来，因为不说可以避免承担失败的压力，说出来则会产生高度的责任感，逼迫自己必须坚持下去。我们要的就是这种逼迫感，自律在某种程度上就是要对自己采用紧逼战术，以求让自己能从被迫状态升级为习惯状态。

除了说出来以外，还可以写出来，并张贴到显眼的位置，让自己

随时都能得到它的提醒。研究结果表明：一旦我们将目标变成书面的东西，我们将它变成现实的机会将大大增加（表2-3）。

表2-3　希望养成的好习惯列表

我现在宣布：从即日起，我将努力改掉如下坏习惯：
第一项：晚睡晚起的坏习惯；
第二项：工作分神的坏习惯；
第三项：经常迟到的坏习惯；
第四项：不爱打扫房间卫生的坏习惯；
签名：×××　　　　　　　　证明人：×××
日期：2018年10月3日

- 进行积极有效地心理暗示

心理暗示是自己把某种观念暗示给自己，并使它实现为动作或行为。心理暗示的作用是巨大的，消极的暗示能扰乱我们的心理、行为以及生理机能；积极的暗示则能起到增进和改善的作用。因此，你永远不能说"我不行""我干不好""我会失败"等消极词汇。

自律是一个相当艰苦的过程，其间难免会因为各种诱惑而动摇，此时对自己进行鼓励性的暗示，不失为一种好办法。比如，"我一定能坚持住""坚持过今天，就好了""他们嘲笑我是因为嫉妒我，我要比他们更好才行""想要成功就得努力"，等等。

此外，要想得到更佳的暗示效果，不要忽视以下两个方面：

（1）选择最佳时间。

通常情况，早晨醒来和晚上睡前的时间为最好。你躺在床上，花几分钟的时间，将身体放松，再进行一下自我心理谈话——总结自己一天的行动，鼓励自己第二天再接再励；早上描述自己的天赋和能力，用简短的语言给自己积极有力的暗示。

在有较重要和难过的事情来临时，要随时运用鼓励性暗示。比如，考试前暗示自己"我能行"；生病时告诉自己"没什么，很快会好起来的"；失败时对自己说"我依然是最棒的，一定会东山再起"……

（2）反复运用。

美国心理学家利昂·费斯廷格说："无论什么见解、计划、目的，只要以强烈的信念和期待进行多次反复的思考，那它必然会置于潜意识中，成为积极行动的源泉。"

美国拳王穆罕默德·阿里每次回答记者的提问后，总忘不了说一句："I'm Best!"（我是最好的）。"我是最好的"就是一种积极的自我暗示，事实也许并非如此，但又有什么关系？反复运用经常暗示，我们的大脑就会接受这种观点，并永远充满自信！而我们正在追求的"事实"也会向你所想象的方向发展。

持续：保持连贯，养成"心流"

获得好习惯最关键的一点是要有连续性，让通向好习惯所形成的自律性努力保持连贯，不中途截断甚至废止。总的来说，要想把一个行动转化为习惯，就要持续到大脑觉得"这和往常一样"就好了。一旦大脑觉得和往常并没有差别，执行起来就轻松多了，也就产生了心理学上所说的"心流"。

"心流"的概念，由匈牙利心理学家尼尔哈里·契克森米哈里提出。他发现很多成功者在从事自己的工作时，都是全神贯注地投入，忘记时间是很常见的。这种将个人精力完全投注在某件事情上的感觉就是"心流"。"心流"产生的同时会有高度的兴奋感及充实感，契克森米哈里认为这是最佳的体验。

契克森米哈里总结出使"心流"产生的事情有七个要素（图2-3）。

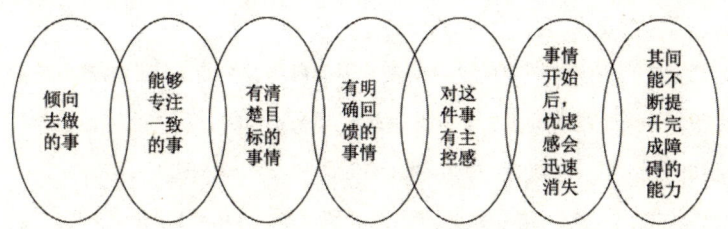

图 2-3 产生"心流"的事情有七个要素

将自己要做的事情与这七个要素结合起来,看看是否都能满足,全部满足的,执行起来会更容易获得"心流"。如果有所缺少,缺少的越多,距离"心流"的形成就越遥远。此时也不要轻易放弃计划,分析找出问题出在哪里,看看是否有改变的价值,再做决定。

我的一位朋友,订阅号有十几万的粉丝,基本上保持着每天更新一篇文章的节奏。我问她:"你又要上班,又要每天写一篇文章,哪里会有那么多的时间?难道你不会感觉累吗?"

她告诉我:"大部分人看我每天更新文章,都会觉得我很累。但是我依然能够找出时间去放松,和朋友吃饭、喝下午茶、看电影、旅游。"

在接下来的对话中,我了解到,她并不是一开始就如此,她曾经想要经营微博,但努力了几次都失败了,无法专注精力、缺乏回馈、对事情缺乏主控感、能力没能得到提升,都是原因。

如今的她却能很好地平衡自己的工作和生活,这是因为她做到了真正的自律。她通常在周末利用几个小时集中去寻找写稿的素材,其间非常专注;再将这些素材进行整理,搭好下一周7篇稿子所需的框架,然后每天逐篇完善细节就可以了。

有人认为,自律就是要让自己没有多余的时间,整天都在忙碌。

这种理解与正确的自律完全背道而驰，自律恰恰是为了让自己能够获得时间上的自由。如同我的这位朋友，因为自律，她的工作很高效、质量也很好，余下的时间就可以用来休闲。如果不自律，工作会拖拖拉拉，工作的效率低、质量也差，哪里还有时间和心思去休闲。

自律就是为了培养好的习惯，习惯也是行为的自动化，养成之后不需要特别的意志努力，不需要别人的监控，在什么情况下就按什么规则去行动。

● 将任务划分时间段，逐个完成

我们知道目标拆分的作用，将宏大的目标拆分成若干个任务节点，一个节点一个节点地实现，最终组合起来，实现整体目标。这是以任务点为标志的拆分，还有一种以时间点为标志的拆分，即将大的目标拆分为若干个时间节点，完成每段时间的任务后，整体任务也就完成了。比如，你决定写一本书，可以每2万字做一个任务节点，也可以每周做一个时间节点，都能达到降低任务压迫感的效果。

自律不是完成一个任务，而是要长久地以好的习惯完成所有任务，所以，将自律划分为多个必须要完成的阶段，是很好的方式。比如，你一生的读书计划是：每天读书三个半小时，每读25分钟后休息5分钟，在读书三个时间段之后可以延长休息15分钟。在规定的读书时间段内，必须保持专注。虽然总会有想做另一件事的冲动，但不要去想它，专心做当下时间段内该做的事。总之，在充分保证效率的情况下，任务一定会按时完成。

● 为执行好习惯设定"按钮"

坏习惯的养成只要随心所欲就可以了，但好习惯的养成却并不容易。要想为自己设立多个规矩,其中一个规矩就是设立一个"按钮",即提醒机制。

"按钮"可以按"微小习惯"和"复杂习惯"进行设定。"微小习惯"是一步可启动或者需要经常性提醒。"复杂习惯"是从年度目标分解出来的,是不能一步两步就轻松完成的。

"微小习惯"可以利用每天的零碎时间去完成,关键是对生活中隐藏零碎时间能即时觉察。对于"微小习惯",可以找寻自身较为固定的行为作为"按钮",当"按钮"被激活时,自动转向习惯。比如,如果想要经常做颈椎操,可以把"开车时每次等红灯"作为一个"按钮",当等红灯的动作一开启,就会立刻联系到做颈椎操,由此就能养成习惯。如此一来,在我们能力水平能够掌控的情况下,每天都可以完成很多个"微小习惯"。

"复杂习惯"的完成程序、步骤比较多,容易让我们产生懒惰的心态,此时就需要设置一个与上述不同的"按钮"。有的"复杂习惯"需要每天抽出一定的时间去执行,因此要规划出每天执行的确切时间点,设置好闹钟作为启动该习惯的"按钮"。比如,想要养成每天跑步半小时的习惯,可以将跑步鞋放在鞋柜显眼处,"每天吃完晚饭闹铃响起"作为一个"按钮","按钮"启动就立即穿好跑步鞋,下楼去跑步。

制定了"按钮"就要遵守,将它以神圣化视之。它虽虚拟却与你的未来相关,重视它、尊重它,你的未来将一片光明;违背它、怠慢它,你的未来将一片灰暗。

互搏：在"想要"和"应该"的路口做选择

对于人类而言，保持在固定的状态会感觉比较舒适，而变化则会被视为是一种威胁，这是由人天性中的"习惯引力"所决定的。"习惯引力"就是我们已经成为习惯行为所带来的一种能量，这种能量一定会顺着当下已经形成的习惯延伸，如果当前的习惯是拖延，"习惯引力"所产生的能量是更加拖延；如果当下的习惯是勤奋，"习惯引力"所产生的能量是更加勤奋。

"习惯引力"有两种功能：由心理或身体单独发起，或者共同发起的抵抗新变化和维持现状。宅在家里的人如果想要走出去找工作，心理会立即抵制；从不运动的人准备坚持运动，身体就会反抗；吸烟几十年的人想要戒烟，心理和身体会共同抗议。

这种抗议就是内心里的"想要"，而引发抗议的想法就是现实要求我们必须要实施的"应该"。当"想要"和"应该"碰面时，如何选择总令我们挣扎。但是如果你已养成足够自律的好习惯，选择"应该"将不再是难事。因为习惯除了包括要"做什么"，还包括"不做什么"。比如，刷朋友圈不超过10分钟，在上班时间不在网上冲浪等。

朋友小D和小W，每月的收入差不多。他们几乎同一时间在上海买了房子，两个人都背负了沉重的房贷。有一天，他们在探讨"还债"的话题时，小D说他已经还上了亲戚的债务，只剩下银行的贷款了，接下来要考虑买车了。

后经了解知道，小D既没有中大奖，也没有炒股票，更没去做兼职，和小W相比，他只是过得比较节省而已。小D从大学毕业就开始坚持记账，坚决不浪费一分钱。但这并未影响他与朋友的相处，该花的钱他从不计较，只是从自己身上省下了很多没必要的开销。

这让我重新审视了自己，虽然我并未铺张，但每月的开销都不少，即便这样也没看到我具体买了些什么。那么，我的钱都花哪里了呢？

认真反省了一番，发现我的钱原来都花费在一些不起眼的小事情上面了。例如，吃完饭后，经常会去喝一杯鲜榨的水果汁；出门在外，随意进便利店买比较昂贵的饮料；美其名曰"要学会享受生活"。虽然这些钱都是小钱，也就十几元到几十元。但是合计下来，每个月都是一笔不小的花费。

我想小D也想"享受生活"，但他更懂得节制的重要，因为他清楚自己的状况，必须要节省开支。小W也一定知道需要省钱，但因为缺乏自律，他并未做到。也就是说，在"想要"与"应该"的选择上，小D选择了"应该"并坚持下来，而小W选择了"想要"也持续了下来，这就是他们的经济差距越来越大的原因。

再看看我自己，在"想要"与"应该"的路口处，我为自己找了一个借口，然后心安理得地走向了"想要"。这显然是非常错误的，"享受生活"的借口让我得到了什么？除了本不该有的、廉价的"享受"外，还有被浪费掉的有限资金，最重要的是在"享受生活"的过程中，我失去了养成自律的机会，也失去了通过自律获得更好习惯的机会。

由此可见,自律养成过程中的一个大敌就是"想要"的想法,我们不能臣服于"想要",而是要拿起"应该"的武器,让自己坚定地、执着地去完成"应该"完成的任务。

其实,我们要明白,在"想要"与"应该"的选择中,几乎所有人都知道怎样选择才是正确的,但很多时候做不到,这就需要有好的方法帮助自己将正确的选择实施下去。

● 正面强化法

正面是指自己的选择正确,予以正面激励,给自己最想要的积极刺激。如在玩微博和继续工作的选择中,我选择了继续工作,我的选择是正确的,那么就给自己一定的鼓励。可以是口头上的,对自己说:"做的对,这才是强者应该的选择""真了不起,这么艰难都能选择继续工作";也可以是实际的,自己专注地坚持工作了一个小时,奖励自己歇一会儿,比如喝喝茶、听听歌、看看手机、弄弄花草、与狗狗玩一会儿。这时的休闲与未完成工作的休闲完全是两种心理状态,此时的心里是骄傲满足的,没有丝毫的忐忑,还会产生继续工作、继续得到奖励的动力,这是很好的良性循环。

鼓励的方式不同,但目的相同,都是对养成好习惯的强化,让自己潜意识形成正确选择才能取得成绩的关联。经过长久的练习后,你会发现去实施"应该"变得越来越轻松了,因为我们已经越来越习惯了。

● 负面厌恶法

负面是指自己的选择错误,然后厌恶鄙视自己的一种方式。明知道应该工作不应该玩手机,但还是拿起手机准备刷页面,这种行为就应该遭到鄙视,这样的自己就应该被厌恶。

引发负面厌恶法的过程是:错误选择→坏习惯重现→厌恶刺激→条件反射→下次坏习惯出现前。

经过心理学家多年研究,厌恶刺激可以在很大程度上抑制坏习惯的出现。比如在玩微博和继续工作的选择中,我选择了玩微博,我的选择是错误的,那么就要狠狠地厌恶自己。可以骂自己:"太没出息了,简直不要脸,竟然不工作玩微博。"最好是发出声音骂,嘴下不要留情,骂到自己羞愧为止,然后继续工作。

这种骂自己的行为就是坏习惯出现后的一种人为的不良后果。一旦你为坏习惯设置了不良后果,你的潜意识会将坏习惯与那些负面的结果紧密联系在一起,进而走上改掉坏习惯的道路。

厌恶疗法必须注意一点,就是不能一次性对太多的坏习惯进行厌恶,那样人会逐渐由讨厌坏习惯演变为讨厌自己,毕竟这些坏习惯都是自己身上的。厌恶得多了,焦虑、烦躁、自卑等负面情绪都会出现。因此,一次只对一个坏习惯进行厌恶,先改掉它,你会发现你的生活已然发生了很大的变化。这就是改掉坏习惯的力量。

耐受：爱上最难熬的瓶颈期

瓶颈期是事物在变化发展过程中遇到了一些困难或障碍，进入了一个艰难时期。跨过它，就能更上一层楼；反之，可能停滞不前。

自律是为了养成好习惯，这是对自身天性和旧的坏习惯的挑战，这个过程是充满煎熬的，我们时时刻刻都要提防坏习惯卷土重来，也要不断激励自己持续性地超越昨天的自己，最终的目的是将好习惯在我们的行为中扎根。

在好习惯没有养成前，你感觉不到它的力量，但当好习惯养成了，你就会有源源不断的力量去坚持，如果习惯一旦被打破，你反而会感觉不自在，似乎总有什么没有完成的事情挂在心头。我习惯了晨练，无论头一天是否熬夜，第二天总能6点起床往外走，十几年如一日，如果我不这样做，就会一整天没有精神，眼神也很迷离。

显然，想让好习惯变"乖"并不是件简单的事情，养成的过程中会遭遇太多主观的或客观的障碍，越到接近养成的后期，挑战越大。到了这个阶段，我们为了养成好习惯付出了很多努力，身体和精神都遭受着改变的煎熬，犹如一场战役进行到最后阶段，双方都咬紧牙关坚持着，谁这口气卸掉，谁就输了。坏习惯在挣扎，我们也在挣扎，也就是说到了最最艰难的时刻,这是每一个坚持自律的人都将遭受的瓶颈期。

瓶颈期时人的心理会很明显地呈现出三种状态:

(1)感觉厌烦提不起劲。

(2)感受不到培养好习惯的意义。

(3)因一成不变而产生空虚感。

这个时期是"习惯引力"最末端也是最凶猛的反抗,你也很容易去寻找各种借口放弃。都说"行百里者半九十",很多人倒在了黎明前最黑暗的阶段。当然,我们也不要被这个时期吓住,利弊相依,瓶颈期虽然凶险,但却是最接近成功的阶段。我们要以欣喜的态度迎接这个阶段的到来,因为只要熬过去,就成功了。所以,我们一定要爱上瓶颈期。

因此,究竟该如何度过这个阶段,是每个追求自律的人必须要思考的。在此,为大家推荐几个实用的方法。

● 诚实面对自己即将崩溃的决心

在瓶颈期时,有一个很普遍的现象我们必须要重视,就是如何面对自己即将崩溃的决心。很多人的选择是不面对,不承认自己快要坚持不住了。他们或许这样对自己说:"我就是有点疲劳,稍微放松一下,很快就好了""我都坚持这么长时间了,应该可以了""坚持两个月了,没见到太大效果啊"。于是,我们常常会看到一些人明明只想要放松一下而已,结果却放松起来没完没了;有些人认为自己已经养成了好习惯,就开始恢复原来坏习惯的行为方式了;有些人一边抱怨,一边恢复了原有的习惯或者寻找其他坏的习惯。

产生这种种现象的根本原因是不愿相信自己快要顶不住了,或者是意识到了但不敢相信,或者是根本意识不到。其实,只要我们去坚持一件事情，瓶颈期总会如约到来，从没例外。如果我们在坚持了很长一段时间时，感觉到非常难熬的阶段来临了，那么承认它、面对它，然后抵御它、消除它，用最坚毅的状态迎来好习惯养成的时刻。

● 添加变化

在不少人的心里，自律被定义为一成不变的坚持。其实，为了养成某一个好习惯，的确需要这种一贯性的坚持。但是，当瓶颈期到来时，这段时间如果还追求从一而终，对坚持下去是不利的。我们应该让大脑和身体在不影响整体状态的情况下进行一些变动，力争在不断变化的刺激下坚持过去。

可以尝试从两个方面给自己一些变化：改变内容和改变环境。

首先，改变内容。内容总是一样的，再有耐心的人也会感到无聊，换换样子可以更好地渡过瓶颈期。比如正在养成阅读英语作品的习惯，瓶颈期已经到来，心理有些焦虑，那就不要死守着英语作品不放，可以在原本规定的时间内分出一部分时间来阅读其他类的作品。比如古典文学、外国名著、现代诗歌都可以交替看看。

其次，改变环境。如果对当下的环境感到厌烦，可以在保证养成内容不变的情况下改变一下环境。比如健身，如果已经厌烦了每天在健身房苦练，那就走出去，变成户外训练，也可以增加跑步的距离，不断改变跑步的路线，如此一来，不同的风景就会带给你不一样的感受。

无论是哪种改变，有一点要注意，在添加变化时不要轻易改变正在养成习惯的内容。比如，正在培养阅读习惯，内容改变围绕着阅读进行；正在进行健身，环境改变始终离不开健身的范围。

- 提前计划下一个习惯

在瓶颈期中,你需要预先做好"思考下一项要挑战的习惯,并开始拟订计划"。这是非常有必要的,目的是建立好习惯养成的连续性。按经验来说,这样做不仅会提高现阶段的习惯养成的动力,还能够以最迫切的心情投入新的习惯养成的行动中。如某人进入减肥的瓶颈期,就已经开始准备健身塑型的计划。还有人不仅制订了下一份计划,甚至制订了接下来几个月甚至是未来一年的一系列计划。而要执行这些计划,都要在当下的习惯养成之后,等于人为地创造了外界的压力,压力就是动力。

计划下一个或下一系列习惯时,可以依据优先级排列(表2-4)。原则是一个时间段内只培养一个习惯,如果太贪心则会导致失败。

表2-4 制定习惯养成清单的范例

第1个月	跑步,进行耐力训练
第2个月	持续跑步,增加上肢肌肉训练
第3个月	保持上一月训练项目,增加腰腹部和腿部肌肉训练
第4个月	保持上一月训练项目
第5个月	保持上一月训练项目,练习打坐
第6个月	保持上一月训练项目,练习冥想
第7个月	降低训练强度,保持身体状态即可,增加瑜伽训练
第8个月	保持上一月训练,持续瑜伽训练
第9个月	保持上一月训练+瑜伽,增加写作练习

表2-4不是一个单一计划,其中以健身为基础,嵌套了几个子计划。如果这是一个正在遭遇减肥瓶颈期的人,这份计划书将给予他渡过

艰难时期的力量。

要改变人生，就必须将好习惯坚持下去。这些习惯如同指数函数，起步或许是缓慢的，可一旦冲破阻碍，就是几何式上升，能量无穷。有时候，正是因为你努力想要接近梦想中的那个样子，你就在不知不觉中一点一点变成了自己希望的模样。这个过程就是将好习惯养成坚持到底的过程。

抵达：一年后，自律助你跻身精英行列

成为精英是每个走在奋斗路上的人的愿望。因此很多人为了实现这个愿望而不懈地努力着。但究竟该如何努力、要多久的时间，却不是每个人都知道的。数千年来，诸多思想家和哲学家研究了人类的成功，他们发现，最优秀的人都保持着良好的习惯，这个良好的习惯就是自律，而且是高度的、正确的自律。

我在一本有关"通向成功的几个习惯"的书上读到，"要想成功，你必须放弃一些生活中的重大享受"。的确，根据我接触到的众多被推崇的精英的行为来看，精英们无一不是相当的自律。

卷发、窄脸、鹰钩鼻，马克·扎克伯格除了拥有典型的犹太人长相，同时也拥有犹太人的典型优点——严格的自律和信奉精英主义。扎克伯格的自律从童年开始，他在日记本里写下父亲经常对他说的一句话："人生太短，有限的时间要用在最关键的地方，聪明的孩子不会浪费时间。"

因为自律，少年的扎克伯格展现了非常优秀的习惯——勤奋、认真、坚强、果断，这些品质让扎克伯格在20岁的年纪就创建出了Facebook。

习惯决定一个人行为的95%。你今天的一切,以及你将要完成的一切,都是由你形成的习惯的质量决定的。通过创造良好的习惯和采取积极的行为,你也可以成为精英,获得成功。

2014年,扎克伯格到中国访问。在清华大学演讲时他全程使用中文和主持人交谈自如。扎克伯格说他学习中文一是热爱中国文化,二是想和妻子的奶奶交流。他的妻子普莉希拉·陈是一名美国华裔。

在清华大学演讲时,扎克伯格学习中文的时间只有半年。其间,他每天都在忙碌之余挤出两个小时学习,每晚坚持同妻子用中文交流一个小时,从未间断。经过刻苦学习,他的中文水平已经超过妻子了。

我们不禁感叹道:比你优秀的人不可怕,可怕的是比你优秀的人比你更努力。

能保证所有好习惯的习惯,是自律。

今天,你可以完全控制你的性格和个性的形成,掌控你未来发生的一切。通过现在做出决定,定义和发展你自己的好习惯,将使你取得巨大的成功。

当你让自己拥有了成功的人所拥有的良好习惯,你也将享受他们的成功,你的未来将有无限可能。

● 勇敢面对自律养成过程中的错误

不犯错的自律是极端困难的。情绪、欲望和感情都会强有力地阻止你前进。因此,自律是很需要勇气的。但很多人的做法却与勇气背道而驰,即当有些事情进行到非常困难和痛苦的阶段时,他们采用的策略是假装这些事情对自己来说是很容易的,然后用一种表面轻松的状态去应对。最终的结局往往是被困难击倒,事后还要找一个发泄的途径来掩饰自己的失败。

扎克伯格为公司设计了一个冷酷无情的聘任制度：将每名员工从1到5评为五级，主要的依据是自律的程度。扎克伯格认为一个人连自律都做不到，那他对公司将没有什么作用。公司只留任1级、2级、3级的员工，如果有员工的评级连续三个月是4级或5级，很快就会被开除。

一位被开除的Facebook前员工说："每个人都有一条属于自己的清晰路径，扎克伯格会按照他的价值使用，然后再踢到一边。"显然，这位员工的等级不高，也可以说他的自律程度不高。在面临必须要自律的环境时，他失去了一定能做到的勇气，最后以埋怨老板的方式选择了放任自己。

但如果由那些留在公司的人来评价扎克伯格的聘任制度，他们会有不同的看法："这就是残酷的'硅谷式精英主义'，有才华和勤奋的人自然能爬到顶端。"

- 提升对成功的欲望

场景：

他，有着聪明的脑袋和很强的忘性，一闪念想到的"鬼点子"没过多久就忘记了。等到什么时候有人实现了他的"鬼点子"时，他才恍然大悟："这不是当初我的想法吗！我竟然忘了，好机会便宜别人了！"

很多人都有过类似的遗憾，大家将这种现象归结为"说的多，做的少"。的确如此，想到了却不去实施，而是任由它被忘记。这并不是深层的原因，缺乏成功的欲望才是这种遗憾的根源。

这个人是我的朋友。他决定要改变，就为自己准备了"点子库"的小本子。只要有了灵感的火花，随时记下，不管会不会被笑话。有的时候凌晨2:00才躺下，3:00就一跃而起，只为记下刚梦到的一个点子。

后来，他创业了；再后来，他成功了。

显然，我的朋友对事业成功的欲望很强，他不甘心机会总是白白溜走。至于欲望是如何被评定的，我想只有行为可以证明。如果你想成为精英，就要逆着性子训练自己；如果你有强烈的成功的欲望，那就让这种欲望支配你坚持下去。

第 三 章

用新行为改造旧环境

CHAPTER

当下定决心开启自律模式后,你会发现,环境成了第一个拦路虎。环境中的所有负面因素都向你扑来,要扼杀你的努力。此时,你绝不能妥协,从思维开始革新,以新思维将旧环境中的所有糟粕清理干净,还自己一方修炼的净土。

控制你的环境，否则它就会控制你

环境对人的影响非常大，尤其是当你想要完成一个目标时，如果处在一个无助甚至混乱的环境，你将很难集中精力。人与环境既有融合性，又有差异性，这是由人的群体天性决定的，人们深受环境的影响，也想摆脱环境的影响。

场景1：

Snapchat创始人埃文·斯皮格尔在就读斯坦福大学初期时，给自己制定了一大堆目标，但他很快就被周围的环境"同化"。很多人都在打游戏，他忍不住；很多人在玩社交网站，他忍不住；一些人忙着结交人脉，他想参与；一些人在忙着创业，他要借鉴……斯皮格尔逃脱不了当时的环境，坚持不了自己的想法和行为，随着同学们的节奏游走着。

环境对人的影响可以从两点得知：一点是随机性；另一点是变化性。随机性是我们对可能遇到的环境不可预测。我们总感觉所遭遇的环境是不好的、不合适的。如同刚入学的斯皮格尔，他受控于"不好的"环境，选择适应的代价是失去自律，产生的结果是为自己创造了更加混乱的环境，为自己的不自律找到了借口。

变化性是指环境状态不是一成不变的。个体与环境既是链接的关系，也是分裂的关系。环境改变后，个体也将随之改变；反之，个体改变后，环境也会因为个体的影响而相应改变。前者是平庸者的表现，后者是成功者的状态。成功的人是能让环境为己所用的人，是有能力创造新环境的人。

场景2：

混乱的斯皮格尔终于开始正视自己的问题，不再屈服于环境，也不再把环境当借口。他带着学习和研究的心态融入同学的娱乐环境中。他坚持观察、研究、记录，总结他们玩社交网站的喜好、习惯、需求。同学们玩电脑时，斯皮格尔也"玩电脑"——开发软件，适应并融入环境中。很快，Snapchat诞生了，这是一款"阅后即焚"照片分享应用，斯皮格尔跟同学们分享，吸引了几个对此感兴趣的同学参与进来，就这样Snapchat公司成立了。

从斯皮格尔的转变中，可以看出适应环境、改变环境、控制环境的重要性。这一切都需要以自律为基础，他做好计划，并坚持执行计划，最终改变了自己，适应并掌控了环境。如今，斯皮格尔已经成为世界最年轻的亿万富翁，个人资产15亿美元，预计Snapchat上市后，市值高达215亿~250亿美元。

哈佛大学儿童发展中心研究发现：一个人的学业、事业、幸福、健康，均由下图（图3-1）中两项核心能力决定。

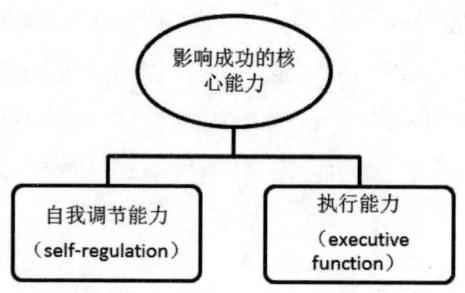

图 3-1 哈佛大学儿童发展中心研究认为决定一个人成功的两项核心能力

一个成功的人必须要具备自我调节能力和执行能力，只有去适应当前的环境，才有机会控制环境，收获自律的空间。

● 把所处的环境和你肩上的责任时刻联系在一起

有很多人将自己"做不到"的原因归结到外界环境，比如，上班太累，没精力再学习了；我是喝凉水都长肉的体质，去健身也没有意义；30岁之前从来没接触过这个行业，现在自然难以学会……

当你用环境推卸责任时，你将与成功越来越远。

尼克·胡哲，天生没有四肢。周围异样的眼光、无度的嘲讽、内心的愤懑，让少年的尼克曾几次想要自杀。但最终他选择了接受自我。

尼克在日记中写道："要想让别人接受我，我必须先接受我自己。既然这个世界创造了一个不一样的我，我为什么不能再造一个不一样的世界。"

从此，尼克的精神状态发生了转变，乐观、自信、勇敢取代了阴郁、自卑、胆小，他努力完成学习任务，积极参加喜欢的活动，面对不敬勇敢反抗。尼克的阳光、积极感染了越来越多的孩子，他渐渐成了学校里最受欢迎的学生。尼克想要完成某项任务，需要付出比常人更艰辛的努力，比如，他写字只能用右下肢仅有的两根残缺的脚趾；打高尔夫球要脖子、脑袋、肩膀同时用力……但尼克非常自律，即便这样他仍然坚持了近20年。

从尼克·胡哲的身上我们能够看到，把自己的责任推卸给外界环境很容易，坚持一件事却很难，必须从认清责任和敢于承担责任开始。

● 从"要求自己"中得到存在感

当外部环境严重干扰你时，如何做到不受影响、持续自律呢？第一，与环境剥离，环境可以变糟糕，但个人心志不可以随着堕落；第二，重建周围环境，让不好的环境随着自己的努力重新变好。

要求自己不仅是单纯的对自身的行为要求，更是要通过这种自我要求实现自身的价值，最终得到自身的存在感。

2007年2月26日，NBA天才肖恩·利文斯顿在比赛中膝盖遭遇重创：膝盖骨完全错位，膝盖的四根主要韧带中有三根撕裂，前后十字韧带，还有内侧副韧带都撕裂，两块半月板也没能幸免。

手术后，生活中的每一个简单动作对于他都变得艰难无比，曾经完美的环境瞬间变得糟糕透顶，所有人都认为远离赛场是他明智的选择。但利文斯顿认为，这是在向环境妥协，这样的妥协过后将永远没有弥补的机会了。

1个月，3个月，6个月……16个月，从学习走路，到在跑步机上慢跑，再到重拾篮球，这其间利文斯顿付出的艰辛只有他自己最清楚。

"复出"后的利文斯顿成了"四处流浪"的弃儿，每支球队都像对待垃圾一样把他丢来丢去。球队管理者也不会正眼瞧他，没有人相信一个上场要带特殊护膝、赛后要抽掉膝盖中积水、投射不稳定的瘦弱控卫能为球队带来什么帮助。

当所有人都放弃你的时候，你是不是也要放弃自己？你还想不想实现自己的价值？你的存在感在哪里？要如何找回？又将如何实现？

利文斯顿没有放弃自己，他吞下所有的苦涩，对自己提出四个要求：第一，每天坚持膝盖理疗；第二，增强腿部肌肉训练；第三，增强腰腹肌肉力量；第四，加练后仰转身投篮。

在利文斯顿的生命中，没有生病、没有节日、没有借口，他要通过要求自己，不断提升，他说："我努力地跑啊跑，只为追上那个曾经被寄予厚望的自己。"

阳光总在风雨后，也许风很大雨很凶，但只要一直在努力着，就要坚信阳光总会如约而至。如今的利文斯顿为勇士队效力，已经有了两枚NBA总冠军戒指，他的转身后仰跳投几乎无解。

利文斯顿不是NBA历史上最伟大的球员，却是NBA历史上最励志的球员。他的经历让我们明白，当美好的环境一夕不在时，要不妥协、不屈服，从要求自己开始奋力反抗，改变自己，影响他人，才能重建属于自己的新环境。

新思维：对内接受自我，对外控制行动

环境就摆在那里，或许好，或许坏。因为环境不如意而去埋怨，我们可以找出100个理由，但环境不会因为我们找了这些理由而发生万分之一的变化。因此，想要改变环境，就要从思维模式开始转变，明白改变环境的基础是先改变自己。

改变自己的具体流程分为两步：第一步是接受自我；第二步是控制行为（图3-2）。

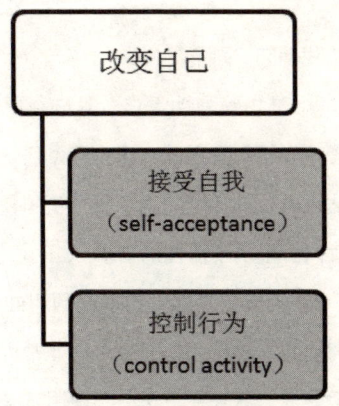

图 3-2　改变环境先改变思维的两个步骤

接受自我是接受自己现实的状态，包括身体状态和心理状态。无论是光鲜成功，还是邋遢失败，都要全盘接受。这是开启新行为的第一步，你应该思考自己状态糟糕的原因是什么？但无论如何，环境不应该背这个锅。永远都有比你处境更不好的人，他们冲破了环境，成为全新的自我。

控制行为是在掌握自己状态的情况下，进一步掌控自己的行为。看到了自己的现状，就要对当下的状态负责，要控制那些对自身发展不利的行为。

总体来说，接受自我和控制行为都是改造旧有环境必备的新思维，总体而言，是为改变自己做准备。我们虽然改变不了既定的事实，但可以改变接受事实的态度；我们不能控制别人，但可以控制自己；我们不能预知明天，但可以把握今天；我们不能选择自己的容貌，但可以展现灿烂的笑容。因此，我们没有办法选择自己生存的环境，但用心去"改变自己"，是能够做到的。不断地调整思维、改变心态，可以将对自己不利的环境变成对自己有利的环境。

- 重视环境带给我们的"刚需"

"刚需"是对一个事物的刚性需求，是必须要做到的。人对环境的需求是刚需，同理，环境对我们的需求也是刚需。人必须存在于某种环境中，也必须要适应所处的环境。当某种环境迫使我们必须要去适应时，就等于环境对我们产生了刚需性的要求。

我大学时期的一位学长在读博士初期必须用MATLAB——一款高级技术计算语言的商业数学软件，学起来难度非常大，自称"计算机庸才"的他最终还是学会了。后来在工作中必须用JavaScript（一款直译式脚本语言）编程，他也用了几个月的时间就学会了。

学长的经历就是典型的刚需造就人才。但还要看到一点，刚需不是一定会被实现的，因为一旦事物到了刚性需求的阶段，实现往往会很困难。就像学长必须要学MATLAB一样，早些时间学，对他来说就不是刚需，但他没能督促自己去学。到了必须用的阶段，就是刚需，但此时困难成倍增加了。于是经常有人在面对一些必须要完成的事情时，因为害怕面对困难，所以选择了放弃。因此，刚需要想被实现，一定要有巨大的决心、坚定的信念，以及绝对的自律。

下面我们看看将刚需变为现实的具体做法：

首先，认识自己的不足。一个自称"计算机庸才"的人一定认识到了自己的不足，他要想弥补这种不足，就要充分预估接下来要做的事情的苦难程度，将意志力的警戒线调高，调动最大的意志力能量来应对这件事。

其次，借助环境的趋势。在一个大家都积极进步的环境里，你如果是最差的那一个，你的危机感将极其强烈，你很想去努力追赶，这就是环境驱使我们进步的力量。

最后，加重刚需的力度。为刚需加点力度会更有利于实现。曾经我用拼音法打字，但速度赶不上五笔字型输入法快，为了提高打字速度，增加工作效率，我决心更改输入法。我将电脑和手机全变成五笔字型输入法，刚开始时很是困难，但仅仅一周的时间我就完全掌握了。可见，学会一件事情的"刚需"的必要性有多大，你学会的速度就会有多快。

- 不断充实，给自己加重

小男孩在父亲上班的葡萄酒厂做帮工，看守橡木桶。每天早上，他用抹布将一个个木桶擦拭干净，并一排排整齐地摆放好。但总是一夜之间，风就把木桶吹得东倒西歪。小男孩很生气，父亲希望他能想出办法征服风。小男孩就一直想啊想啊，但每次迎来的都是失败。一天傍晚，他挑来一桶一桶的清水倒进空空的木桶里。第二天一早，小男孩跑到放桶的地方，看到那些木桶仍然排列得整整齐齐。

要想木桶不被风吹倒，就要加重木桶的重量。风就是环境，我们改变不了风，但我们可以改变自己，给自己加重。只有这样我们才有能力抵御环境的侵袭，也才能有机会去改变环境。

如今是知识竞速的时代，社会整体环境的进步可以按天计算，我们要在这样风云变幻的大时代中谋得一席之地，必须要做到不断给自己加重，让自己在知识层面、经验阅历、坚忍程度、自律能力等各方面都跟得上时代的脚步，成为受时代器重的人才。

新动机：设定自己对环境的需求

有两种人："雄鹰"和"鸭子"。

"鸭子"对环境不满，但只是叫来叫去，无非都是借口、闲话、抱怨；"雄鹰"也对环境不满，却什么也不说，暗中想办法。鸭子认为自己无作为是被环境耽误了，雄鹰认为自己没成功是因为自身能力不足以及对环境利用得不够。于是，鸭子总是借口推脱工作；雄鹰则根据自己的价值和目标，设定自己对环境的需求，并努力做到。

如果你是公司的HR（人力资源顾问），相信你一定会选择雄鹰，因为这是真正的人才。

根据自己的需求来设定环境，而不是根据自己的要求改变环境，这两者是有区别的。改变环境是对当下环境进行重新洗牌，这是不现实的，会遭遇太多的阻碍，成功者不会从一开始就选择走这样一条荆棘遍布的路。设定环境则会轻松很多，是按照自己的价值和目标，对环境进行微小的调整，重点工作是对环境中的各项条件进行增减。

想要设定一个全身心投入工作的环境，那么，影响工作的一些外部条件就需要删除，对工作有利的条件就要增加进来。比如，我现在得加班加点赶一份稿子，那我要删除的条件有：手机音量、即时通信软件、将宠物狗寄送几天、谢绝一切邀请……我要增加的条件有：清晨闹钟提前半小时、晚上晚睡半小时、保持房间安静、不接触娱乐性内容……

还有一点是可以对现有环境进行脱离。比如，需要静下心来学习，在家里往往不容易做到，去图书馆如何？那里都是学习的人，每个人都在用心研读，学习氛围最为浓厚。

虽然是根据自己的价值和目标设定环境，但也要对自己当下的情况有所了解，不能完全根据自己的喜好来设定，那样是不可能形成对自己有益的自律的。虽然对自己的改变充满了痛苦，但就像被移植的大树一样，要砍去树枝，要承受一定时间的苦痛，但苦痛过后就是再度葱茏。

● 建立一种有利的支撑环境

开始重塑你生活的环境吧，抛弃旧有的一些习惯，旧习只会挫败你。为自己注入"新鲜血液"，支撑你的自律计划。下面给出的各种建议，都是结合生活中最常见的状态和情况，帮助大家最切实地建立起有利于自己的环境。

第一，浏览有用的、给自己正能量的网页。现在这个社会离不开网络，每天上网成了固定的时间消耗，那就不要浪费这个机会，既然看了，何不就看一些对自己有用的网络，或者能提升知识层面，或者能对长期发展有所裨益，或者能提供正能量储备。我的一个朋友，一直想做汽车维修的行业，但他几乎是车盲。他就利用闲暇时间上网学习关于汽车的一切能学到的知识，经过几年的积累，他现在已经开了汽车修配厂了。

第二，多和自律能力强大的人沟通交流以及共同做事。有个好的榜样在旁边带动，坚持自律的效果会增加很多，很多时候不想坚持了，但看到人家依然如故，自己也就无奈地继续坚持了。再有一点，跟走在前面的人共同努力，他们能给你一些非常有用的策略或建议。这些策略或建议往往是他们最宝贵的过往经验，现在传授给了你，一定会有事半功倍的效果。

第三，请一个靠谱的同伴帮助你。有时候独自一人的坚持是很难的，这时请一个人来相助，甚至监督，会不会更好？一定会更好。但首先这个相助的人必须要具备勤奋、上进、自律、诚信等优良的品质。让他（她）帮你制订自律的计划，也可以参与到你执行计划的过程中，帮助你明确坚持的方向，相信会很有帮助。

第四，将自己的计划公布出去，增加额外的驱动力。在我们通常的行为中，下决心总是在默默的情况下，执行也是在默默的情况下，然后放弃也在默默的情况下。仿佛我们都等着成功后的一鸣惊人，但很遗憾，成功的人总是少之又少，于是，很多人为决心而努力的过程都不为人所知晓。所以我们要采用相反的策略，将自己下的决心对外公布，尽可能让多的人知晓。这就等于是为自己创造了一个没有退路的环境，让众人的嘲笑化作我们奋发的动力，让众人的鄙夷来加固我们的坚持。

调整你的环境，有利于为自己建立全新的氛围，当感觉快要放弃或想来一个即时满足的冲动时，这种环境有助于支撑你继续前行。

- 选择自己真正该从事的工作

选择一个适合自己的工作是非常有必要的。合适的工作，才能有合适的工作环境，这两者的关系犹如魔法一样。很多人选择工作，挑工作环境、挑老板为人，还挑薪酬福利，但唯独不挑工作是否适合自己，他们认为环境、老板、薪酬等项都符合内心需求了，工作就算适合。于是，我们看到大部分人在工作上虽然也很努力，也追求上进，但成绩终究有限。

如果我们对工作的要求能反过来，将重点放在工作的适合与否上，其他条件都做次要考虑，结果往往会乐观很多。几乎所有的成功者都从自己喜欢的行业开始，然后为此终生努力，最终取得骄人的成绩。

那么，如何才能寻找到一个适合自己的工作呢？可以从以下四点来规划：

（1）明确自己的人生目标以及当下最重要的事是什么。

（2）确定自己是否能通过这份工作获得想要的成长。

（3）这份工作是不是有一个好的导师与团队。

（4）考虑新环境的福利机制与硬件条件。

当然最重要的首先是要了解自己，其次是要了解对方。

这就是反过来的过程，一个人如果对自己的了解都不具备，即便工作环境再好、待遇再优厚，也很难有进步。因为他没有方向，更不懂得为自己的目标设定一个好的让自己进步的环境。按照上述四点去做，就能有利于我们找到适合自己的工作，然后在热爱中激发最大的动力，为达到自律创造好的基础。

新起点：做既擅长又想做的事

场景：

一个数学系的研究生，毕业后在一家教育机构从事高中数学的辅导工作。这份工作不是他喜欢的，而且杂事很多，领导很难缠。他在工作的时候并没有耗费大量脑力和体力，但消耗了很多的意志力。一天的工作完毕后，他感到这一天过得既无趣又疲惫，于是在下班后他给自己寻找了一项"娱乐活动"——做十道微积分数学题。

这个很有趣的娱乐竟然是做对很多人来说如同天书的内容——微积分，但对他则是充满乐趣的事情，在微积分中他能体会到属于自己的骄傲和价值。这种感觉的获得必须来自做想做的事和做擅长的事，两者缺一不可。做想做的事，能调动起内心最大的动力，而且是不需要外力驱使的动力；做擅长的事，会得到极大的满足感和自豪感，无疑会加大这种动力。

当弄清楚这其中的奥秘后，我也开始尝试这种方法，某段时间在从事开发高中生学习策略课程的工作，感觉很累，我的娱乐方式是做一道高难度的数独玩玩。

做擅长的事不能只存在于业余时间，更重要的是要让自己的擅长和喜欢出现在工作中,为自己开发一个真正适合自己、能调动起全身能量的事业,集中精力在优势上,并拉长放大优势。

"擅长"可以降低我们成功的成本,为我们带来更大的成功概率。这个可以从经济学原理中找到解释:

其一,从机会成本的角度思考。你做出一个选择,就必须放弃其他的选择。如果你选择擅长的事情,将得到最大的机会成本,放弃最小的机会成本,这样才能获得最大的利益。

其二,从效率原则的角度思考。如果你擅长打台球,不擅长绘画,那么你打台球的效率显然会高于你绘画的效率。现实就是这样,做擅长的事情,可以让你更得心应手,不会浪费你的努力和付出。

想为自己创造一种全新的环境,首先要全身心地热爱自己从事的事情,这是自己能为之付出的基础,也是获得自律的基础。因此,喜欢什么就让自己习惯去做什么,争取早日形成稳定的思维方式和行为模式。

- 集中全部精力做最擅长的事

"我之所以成功,不是因为我最努力,而是因为我只做自己最擅长的事情。"这句话出自德国钢铁大王奥古斯特·泰斯。

泰斯年轻时渴望当作家。他是相当自律的人,每天必须写出多少稿子,但10年过去了仍然毫无进展。在极度的苦恼后,他痛定思痛,决定转换生活方式,听从别人的建议,尝试经商。结果一发不可收拾,原来他的天赋在这里,之前的不喜欢是因为从来没有尝试过。仅仅几年时间,泰斯就将父亲留下的小工厂发展为下萨克森州最大的钢铁工厂。

调查显示,全世界四分之一的人因为找到了自己擅长的领域,而将自己的才能发挥出来,他们的所长与努力仿佛形成了永动的能量环(图3-3)。另外四分之三的人,或是不知道自己擅长什么,或是与所长背道而驰,始终没有奋斗在应该涉足的领域内,导致终生一事无成。

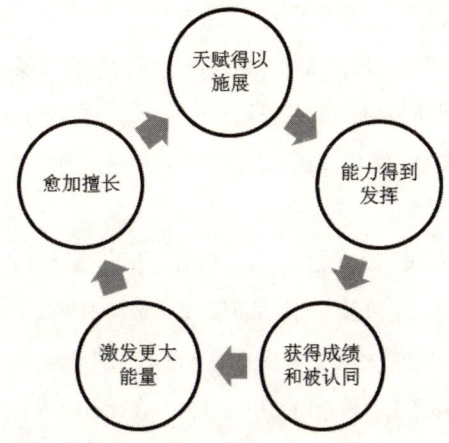

图 3-3 做自己所擅长的形成的"永动能量环"模型

这是一个无解的"能量环",一环扣一环,不断为下一环提供能量,然后旋转起来,能量环会让你持续保持自律的能量。记住,做你所擅长的,擅长你所做的,是实现自律不可少的条件之一。所有的自律者,他们的自律都是快乐的,他们的自律让自己愉悦,所以非常愿意为自己的进步持续努力着,用他们的话说是"越努力越快乐,越努力越幸运"。

- 通过三步发现自己擅长的事情

很多人会问"我怎么知道我是否正在做自己擅长的事情?"或者"我怎样才能发现自己擅长的事情?"

其实,发现自己的专长,并不是一件非常困难的事情。这是一种建立在自我认知上的事情,人们往往会受到内心各种欲望的遮盖,难以从其中看清楚自己的专长。因此,你想发现自己真正擅长的事情,就必须诚实地面对自己的内心，聆听内心的声音。

下面给大家提供三个步骤，用以发现自己的专长：

第一步，列表。将自己曾经做过的事情，尽可能多地逐条列在纸上，并对每一件事情的成败进行标记，成功的画√，失败的画×。然后将成功的事情单独列在一张纸上，总结出这些事情的共性，这个共性就是你的优势。

第二步，倾听别人的意见。虽然相信自己很重要，但懂得博采众长也很重要。别人的意见可以让我们更清楚地认识自己。因此，要向身边的人询问对自己的意见，从中找到自己的优点和缺点，将其中的优点汇总列在一张纸上，再总结其中的共性。在此有很重要的一点必须强调，倾听他人的意见时，有两种人要回避，一是总夸奖你的人，二是性格较偏执的人。

第三步，将第一步和第二步所总结出的项目，列在同一张纸上，然后寻找共同项目。这些共同项目，就是你所擅长的事情。

到此还可以另外加一步：将内心期望做的事也逐一列出来，并对每件事的期望度进行标记。非常期望的画√，一般期望的画△。然后将非常期盼的单独列在一张纸上，总结出这些事情的共性，这些共性就是你最想做的。最后，对比这张纸与第三步的那张纸。如果最擅长的和最想做的契合了，那么恭喜你，你是幸运的，可以在最擅长的领域为最感兴趣的事业奋斗了。如果最擅长和最想做的没有契合，也不要沮丧，因为你正在经受成功之前的考验。要怎样做选择？舍弃擅长，还是舍弃兴趣？答案就是，选择重于努力，天赋大于坚持。在有天赋又擅长的领域努力，事半功倍；在有兴趣却不擅长的领域努力，事倍功半。

新目标：营造充满仪式感的奋斗环境

场景：

某好友复习功课准备考博时，白天上班，晚上回家忙着看孩子，等孩子睡了已经很疲劳了，但还要看书，因此总是昏昏沉沉的，没有效率。为了能更好地学习，他决定每天孩子睡后，开车去一家生意惨淡的咖啡馆，虽然那里的咖啡真的很难喝，但好在咖啡馆没人啊，他可以完全进入学习的状态。

他每天的生活状态是：白天上班，晚上回家带孩子，然后去咖啡馆，点一杯难喝的咖啡，掏出书本，拿出笔袋，仪式感满满地进入学习状态。他说自己如同古人沐浴更衣捧书而读一样，虽然辛苦，心理却非常满足。

仪式感是程序化地进行某项行为的内心感觉。能够让个体的心里升腾起强烈的责任感和使命感，认为自己必须要完成这种"仪式"，否则就是错误的。由此可见，仪式感在某种程度上可以看作自律的变形体，因为自律行为也是在内心给自己奠定了常态化基础。

将仪式感纳入环境中，可以非常有效地改善环境中的非紧迫性因子，每一步都有固定的任务，完成这一步，就要进入下一步，整个"仪式"过程不可断裂，更不能缺失。因此，帮助自己打造出充满仪式感的奋斗环境，是实现新行为新方向的基础。

● 将"忍不住"发挥成能量

这个方法可以简单定义为"忍不住"，那么，究竟是什么忍不住呢？可以是别人对自己的羡慕之情，可以是博得心上人的倾慕，可以是成功后的兴奋，可以是助人之后的喜悦……总之，只要是我们在意的，都可以成为我们"忍不住"为之努力的目标。

或许你会认为这样的动机有些功利了。请问，我们是为了实现自己的价值，是为了获得成功而要求自己自律，价值和成功本身也带有功利的性质，是不是应该放弃不做呢？邓小平说："不管白猫黑猫，抓到老鼠就是好猫。"只要能取得最后想要的结果，只要不触犯法律，只要不损人利己，什么方法都是可取的。

下面来看看一位老兄的"忍不住"：

他努力学习，成了学霸，让女孩崇拜；他练习口才，使自己能够出口成章，让女孩崇拜；他经常写文章，不断提高文笔和思想，让女孩崇拜；他喜欢体育运动，成了极限高手，让女孩崇拜。现在真的有女孩听到他的谈吐喜欢他，看到他的文章欣赏他，对他的每一次户外挑战都点赞。

他追求的就是"忍不住"让女孩能对他侧目。他说："当我实现了这些想法后，我才发现，这种'忍不住'，是停不下来的。"

其实，他的"忍不住"或许不是最初的动机，但他早已忘记了，仅仅留下"忍不住"就足够了。多少人考研的动力，是出于对当前问题可望而不可即的不甘心；多少人跑步的爱好，是源于对自己肥胖的极度自卑；多少人努力工作，是因为自己已经到了穷途末路。"忍不住"能够产生一种"良性循环"。因为某种强烈的动机，或是因为强烈的成就感，或是因为强烈的渴望，持续地作用在一件事上面，你就会"忍不住"去做。然后你会发现，你如今的位置早已不知比那些辛辛苦苦、走走停停的人领先了多少。

当你的"忍不住"足够强烈时，你会发现自己有了巨大的能量，会迫切地运用一切方法让自己提高，自律显然是其中最好的方法。神挡杀神的你，即便自律的目标再艰巨、条件再困难，也会奋起挑战，此时的你甘愿放弃其他爱好，甘愿抛弃所有享受，投入昏天黑地的苦战中。

● 随时随地的"勤奋"

星星之火可以燎原，也可能熄灭在湿草里。裂变反应可能形成巨大的能量，也可能因为达不到临界体积而无法进行。所有好的反应，都需要不断持续地运作，而不是断断续续地续能。

在生活中，这样的反应随处可见。你是否发现，越是那些可以随时随地投入时间去做的事，越容易彻底地投入，能发生的概率就越大。比如，思考辩论比学英语好进入，因为前者更容易随时随地地开启进入。

越是懒惰的人，这种反应的门槛就越高；越是勤奋的人，反应的门槛就越低。我是一个比较懒的人，所以我喜欢的，都是能随时随地思考，而且思考的时候还能充分接触问题。因此，我也一样头疼过英语，骄傲过数学、物理。

到此，我们能够总结出仪式感奋斗环境的另一个要点，就是能够随时随地"勤奋"，这种勤奋完全由自律掌控，任何地方、同任何人接触都是可以学习的机会，只有最勤奋的人才能利用起这种天然的资源。自律不仅是对身体的要求，更是对大脑的要求，眼睛里看到的一切事物都是自律者过滤的对象，他们提取了其中的营养成分为己所用，逐渐地累积，才能获得更大的成绩。

新标准:"必要难度"是有效改变环境的通用法则

"必要难度"对于希望高效成长的自律者来说是个必需品。如果没有必要难度,效率永远提不高。

小时候看伟人为了锻炼意志力,专挑闹市区看书,就是一种对抗环境的必要难度训练。我不是伟人,但我尝试过这种方法,每天早上去最热闹的"早市"附近看书。起初真的很艰难,熙熙攘攘的人群搅得我根本无法静心,大脑里边嗡嗡作响。渐渐地,不能说习惯了,但一定是适应了,大脑好像有了排除嘈杂声音的能力,居然能够看进去书了。

不得不承认,越有难度的环境,越对意志力的锤炼有作用。所以,很多人在与环境做抗争时,都给自己增加难度系数,以求更有效地整合环境资源。

举个例子来看看,有关领读的。

网友"海纳"领读《如何阅读一本书》的项目。他的初心并不是做到"必要难度",而是因为在俱乐部群聊中,有人提到了这本书好难读,有人读了几年还未读完。海纳以"读了十几遍,没什么难懂的"回答,被推举为此次领读活动的领读者。

海纳想用书中比较高级的分析阅读的方法来读,顺便训练一下这个阅读方法。他按照书中要求的理解力提升的方式进行理解，并把能够形成模型、工具、流程的部分全部整理了一遍。

这真的很难。普通的领读只需半个月左右，他却做了四个多月才把这本书读完。但是受益巨大，远远超出他投入的时间和精力，不仅明晰了如何高质量地阅读一本书，还得到了自律能力的训练，他坦言："以前我也经常用几个月的时间去做某件事，但是从来没有如此严谨细致过，也就没有获得如此巨大的、几百倍几千倍的受益获得。"

更重要的是，通过自身的提高，他引领了周围的人共同进步，大家形成了相辅相成的互助互惠关系，这是他此次领读最大的收获。

如今，海纳正在领读第二个项目——《思考，快与慢》。这次主动用上了"必要难度"的形式，让领读成为内提自律能力、外提知识水平的绝密武器。据海纳推测，本书的领读至少需要一年才能完成。

为了获得成功，我们也试着为自己增加一些"必要难度"吧。

- 将"最不想做的"的那部分列在最前边

人不仅有肢体惰性，还有心理惰性。当我们决定开始完成某些任务时，内心的惰性会帮我们找出其中容易的或者喜欢的，有难度的、不喜欢的则被搁置起来。

也许我们自认为早晚都会去解决的，可现实却是惰性心理将"最不想做的"与渴望完成任务的心理隔绝开了。我们会时常想起那些"最不想做的"，因为我们心里很清楚"还有事情必须要去做！"此时，一个安慰我们的声音也会出现在脑海，"早做完就好了，这次就先不做了"。

如果我们被这样的心理状态缠住，想要实现自律是一定不可能的！自律者是从来不会因为某件事情有难度就搁置起来，该做的时候就去做,再难啃的骨头也要啃下来。

美国心理学家卡尔·罗杰斯为这种情况找到了解决办法,就是将"最不想做"的任务列在任务清单的最前边(图3-4)。罗杰斯的用意是,在最具耐心的开始阶段去解决最难的任务,可以让人更快地投入。

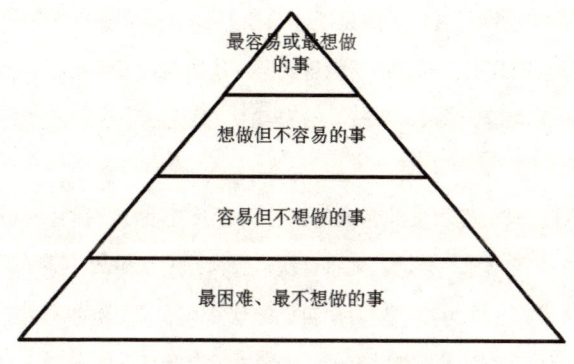

图3-4 "最不想做的事"在任务清单中的位置

这个模型越往下边面积越大,代表事情的难度越大,我们做事情时,可以由下至上,先来个"釜底抽薪",把困扰我们最严重的问题解决掉。其中,"想做但不容易的事"总是比"容易但不想做的事"位置靠上,这是因为只要心中愿意做,困难一些没有关系,但如果不愿意做,再简单也觉得困难。当然,这个任务清单的图形不限于四层,可以根据自己的需求列出N层,但不论多少层,永远是最困难、最不想做的事在最底层。

- 尝试有一定难度的工作与活动

很多人只懂得运用实际的优势能力,却忽略了自己还有许多潜在的能力。心理学家认为大部分人只发挥了所拥有的5%~10%的能力,还有很大的潜能空间可以去挖掘。因此，尝试有一定困难的工作与活动，把潜能发挥出来，你的成就会大大超过你的期望。

前微软全球副总裁李开复讲过一个故事：

他在苹果公司担任多媒体实验室副主任时，一天，CEO约翰·斯卡利突然问他："什么时候可以接替该部门主任的工作？"李开复很吃惊，他刚被提升到副主任的位置才两个月，主任又是业界很有名望的人。李开复回答说："我缺乏管理经验，能力也尚显不足。"但斯卡利对他说经验和能力是可以培养和积累的，而且希望他在三个月后可以做到。

面对这样一份难度非常大的工作，李开复可以选择暂时放弃，但他决定顶着压力努力尝试。他将这次机会视作一次挑战，除了看清自己的硬件（技术）实力外，还看清自己的软件（承受力）的实力。三个月后，原主任跳槽离开了，付出了巨大努力的李开复接任了主任的位置。

李开复接受了一个"必要难度"的挑战，没人知道这三个月他经历了什么？但可以发挥想象力，想到他每天废寝忘食地进补，虽然非常的艰苦，但因为一向自律，再看到每一天的提升，一定是苦中有甜的。成为主任，李开复的环境得到了改变，他是一个部门最核心的领导，有了绝对权威，可以大刀阔斧地施展能力。这就是困难在成长过程中发挥的作用。在困难来临时，我们都要以李开复为榜样，去挑战、去实现，不论付出多大努力，坚持到底，自律会帮你战胜困难。

新协作：形成局部以多对少的优势

美国密歇根州立大学的心理学家杰森·莫泽教授和克里斯·海沃德教授联合做了一个实验，并将实验结果发表于2017年6月份的《国际心理学期刊》上。

两位教授招募了30名有严重的社交障碍问题的志愿者。选出其中15名志愿者参加了为期16周的集体治疗。集体治疗组要学习如何处理社交障碍中一些无意识的想法，比如别人认为我笨、我对此不擅长、我害怕等。同时布置作业让他们在平时一定会感到害怕的环境中进行练习。另外15名志愿者也被要求采用同样的练习，但他们进行的是单独治疗。

16周后，集体治疗组的社交障碍症状显著减轻，而单独治疗组的社交障碍症状的改善程度较小。

接下来，海沃德将集体治疗组重新编组，10个人留下，继续参加下一阶段为期16周的集体治疗，另5个人划归到单独治疗组中。16周后，集体治疗组剩余10个人的社交障碍症状进一步减轻，单独治疗组中的原始15个人的社交障碍症状的改善程度还是较小，后加入该组的5个人的社交障碍症状没有进步，甚至还有了退步。

由此，海沃德得出结论："集体治疗可以有效地帮助人改善不良的状态，因为集体可以形成局部以多对少的优势，这个优势在某些时候非常关键。"

海沃德的研究很有价值，让我们重新审视了改善人的心理状态和行为模式时，整体环境的重要性。

一个人的力量多数时候都是很有限的，但一群人的力量往往很强大，集合众人的能量，是可以完成很多宏图伟业的。

当年马云开创阿里巴巴时，团结了18个人同进退。原因除了需要各种人才的协助外，还需要创建一种环境的优势。不论外界的风云如何变幻，在马云的几十平方米的家里，这18个人就是一个轰轰烈烈的、不顾一切的、为了共同的理想目标奋斗的勇士群体。我们想象一下，如果这些人不是吃住在一起，而是散落在家中各自为战，他们当中有几个人能坚持到底呢？外界的环境充满了诱惑和各种不确定性，在毫无光亮的阶段仅靠意志来抵挡，失败的可能性是非常大的，不用说别人，马云自己能不能坚持住也未可知。

由此可见，形成一个局部的环境优势，对于想要实现自律的人是非常有作用的，与其独自苦守，不如共同坚守。

● 寻找有声的协助

一个身高1.45米的矮个子青年从东京某公园的长凳上爬了起来，他用自来水洗了洗脸，从这个"家"徒步去上班。因为拖欠了房租，他已经被迫在公园的长凳上睡两个多月了。经过多年的努力，他不仅没有进步，还越混越惨了，他迫切想要知道原因，也想要改掉导致他失败的缺陷。于是他组织了一个虚拟的"批评会"，对方是认识的客户，因为没钱召集大家在一起，只能挨家挨户拜访。每月花费几天拜访一遍，专门针对自己的缺点。他得到的信息有：你的个性太急躁了，常常沉不住气……你有些自以为是，往往听不进别人的意见……你的知识不够丰富，所以必须加强进修……青年把这些可贵的逆耳忠言全都记录下来，随时反省、勉励自己，努力扬长避短、发挥自己的潜能。

听别人畅言自己的缺点，这种滋味并不好受。后来青年回忆说："每一次'批评会'后，我都有被剥了一层皮的感觉。透过一次次的'批评会'，我把自己身上那一层又一层的劣根性一点点剥落了下来。随着劣根性的消除，我感觉到了自己在逐渐进步、完善、成长、日趋成熟。"

这个青年就是"世界上最伟大的推销员"原一平，他后来成为美国百万圆桌会议的终身会员。

当生活遭遇挫折时，当幸福的阳光被乌云遮挡时，不要哭泣，不要伤心，要勇敢地去面对它。山不会自己走到面前，那就换个心态我们自己走过去；如果自己一个人走太过艰难，那就邀请别人的协助，鞭策着、监督着我们前行。

改变自己只要今天去做，明天就会发现自己身上已经发生了翻天覆地的变化。原一平用实际行动印证了"人类可以经过改变自己而收获全新的我"这句话。人生就是这样，当你不能改变周围的环境时，就努力地改变自己，让自己进步，适应这个环境、这个世界。当能力逐渐强大后，你会发现，你周围的环境似乎也随着你的推动一点点改变了。

- 寻找给予自己协助的环境

邀请别人帮忙是个很不错的方法，但也不是必须要开口邀请别人批评这一种方法。可以想一想，如果别人批评的任务已经完成了，接下来就轮到我们改正了，那要怎么做呢？如同原一平一样，他要开始改变了，这才是他的战场。此时，他除了可以将改变后的目标公布出去，以便那些给予批评建议的人予以监督外,只能咬紧牙关默默地努力。每一天看着自己微小的进步,欣慰之余,也是更加努力的动力。

原一平的做法是每天阅读缺点,记在心里,在与客户或他人接触时,时刻提醒自己"不要犯缺点中的错误",并随时请对方给自己提建议。

我给大家推荐的环境场所是图书馆,喜欢学习的人、能够自律的人、追求上进的人,都会聚在图书馆里。这是一个供养未来精英的场所,所有的人都在拼命学习,不舍得浪费一分钟,即便你的意志力不够,也会因为受到周边那么多人的影响而激励自己坚持下去。

● 最后,送给大家一段经典

在英国圣公会主教的墓碑上刻有这样一段话:年轻时,我梦想改变这个世界;渐渐成熟后,我发现我根本不能改变世界,于是我将目光缩短一些,只改变我的国家吧;到了暮年,我发现我没有能力改变国家,于是我最后的愿望仅仅是改变我的家庭,但这也是不可能的。如今我躺在床上行将就木,我才明白,如果当初先从改变自己开始,也许就能改变我的家庭,在家人的鼓励和帮助下,也许我能为国家做点事情,然后谁知道呢?说不定我能改变这个世界。

这是对改变自己与改变环境间的关系最精辟的概括。

命运是掌握在自己手里的,而不是在别人的手里。如果我们所面对的环境无法改变,那我们就先改变自己,只有改变自己,才会最终改变别人。如果改变不了环境,就应该学会去适应,并在适应环境的过程中激发自己的能力,改造环境,获得快乐。

第四章

心怀有高度的
目标上路

目标就在那里，它永远抢手，你不去实现，自有别人去实现。目标越高，通向它的路上越人迹罕至。当然，再高的目标也要跬步前行，这个过程需要以自律做保障，以坚忍做依托。

做一个"有眼界"的自律者

17世纪初,欧洲探险家来到澳大利亚,发现了这块"新大陆"。1770年,英国派航海家詹姆斯·库克船长带领船队驶向澳大利亚,想占领这块宝地。与此同时,法国政府也派出阿梅兰船长驾驶三桅帆船前往澳大利亚。

法国的三桅帆船很先进,速度有优势,率先来到了如今的维多利亚州。他们以为大功告成,放松了警惕,带着枪支和必需物品集体出动,去捉当地特有的一种珍奇蝴蝶,一直追入澳大利亚腹地。

几天后,库克船长也来到这里,他们迅速修建房屋和防御工事,并在附近进行勘察,发现了法国人的船只。库克船长下令将三桅帆船上的物品洗劫一空,然后设下埋伏等着得意忘形的法国人归来。

阿梅兰船长和部下高兴地回来时,钻进了英国人的圈套,全体被俘。库克船长告诉他们,这个地方已经是英国的领土了,被命名为"维多利亚州",法国人没有权利再待下去,必须立刻离开。

在这个故事中,法国人仅仅是为了立刻满足一时的乐趣,就轻易放弃了本可以获得的巨大利益。此后,"新南威尔士州""昆士兰州"相继被命名,成为英国领土,都要拜阿梅兰等人的"蝴蝶梦"所赐。类似这样的情况在生活中很常见，如同每天都会刷手机，只图满足自己一时的安逸欲望。

阿梅兰从成功者沦为失败者和阶下囚的重要原因，就是没有目标性，或者是目标性太过局限。而库克船长则比他有眼界，他来得晚，第一个到达的目标愿望没有达成。他没有被"新大陆"的奇妙所吸引，心中有着自己最重要的目标——为大英帝国谋利益，让自己留名万世。因此，库克船长即时调整新的目标方向，一举扭转败局。

可见，有了清晰目标作为指引，我们才清楚做什么有助于目标的实现，怎么做能实现目标，应该聚合哪些方面的因素才会最大限度地助推自己尽快实现目标。

仅有当下的目标是不够的，还要有更宏大、更长远的目标，以及能为大目标实现不断精进的自律能力。做个像库克船长那样的"有眼界"的自律者，始终向着终极目标努力。

下表总结了目标的作用（表4-1）。

表4-1　目标的作用

目标产生积极的心态
目标使你看清使命，产生动力
目标使你产生信心、勇气和胆量
目标使你感觉到生存的意义和价值
目标使你集中精力，把握现在
目标有助于你分清主次，把握重点
目标使你自我完善，永不停步

目标让我们早上有起床的动力；目标让我们快乐地走进公司；目

标让我们有直面困难和挫折的毅力；目标让我们不管走在怎样的路上都昂首阔步；目标让我们脚下的步伐变得坚定；目标让我们不怕折腾、不惧周折、不避责任、不弃坚持；目标让我们找到自己、认识自己、突破自己。

每一个走在路上的人都应该叩问自己，并找到答案，只有这样，你那些"阳光下灿烂，风雨中奔跑"的誓言才有意义。

● 目标的正确性

没规划的人生是拼图，有规划的人生叫蓝图；没目标的人生是流浪，有目标的人生叫航行。多么忙不重要，忙什么才重要。今天的生活，是三五年前的选择；三五年后的生活，来自今天的决定。人生短暂，必须精彩！有精心的设计，才有美好的未来！有正确的目标，才有璀璨的人生！

正确的目标，应该是适合你的、有意义的目标；是有利于实现自我飞跃的目标；是可以激励自己不断超越生命的目标；是令自己时刻充满希望的目标；是对社会发展有积极作用的目标。

● 目标的结构性

所有成功的人都有强烈的目标导向。你也必须成为一个习惯性的目标设定者。明确的目标分为三个阶层，第一阶层是长期目标，第二阶层是短期目标，第三阶层是每天目标。

长期目标由我们的眼界决定，也决定了人生最终的高度；短期目标由想取得的成绩决定，也决定了进步的幅度；每天的目标由确切的工作和自律的能力决定，也决定了当天的心情和状态。

这种目标的结构性，缺少哪一个都等于没有目标。长期目标缺失会导致人生没有方向，短期目标缺失会导致努力的动力不足，每天目标缺失会导致一切计划化为乌有。可见，目标结构化的最基层——每天目标，反而是最重要的。那么，我们可以将每一天的生活都写成清晰的书面计划，每个时间段做什么，坚持每天完成任务，由此积累短期目标的实现，并最终实现自己的长期目标。当然，短期目标和长期目标最好也进行书面计划，写出来也是对自己的一种督促。

- 目标的导向性

第一，价值导向。有生命的地方，就有希望；有希望的地方，就有伟大的梦想；伟大的梦想多做几遍，就变成了目标。

目标是个人、部门或整个组织所期望的成果。衡量目标正确与否有一个标准——价值！

正确的目标应该与追求正确的人生价值一致，应该为正确的"三观"服务，即不管你想要成就什么，想要实现怎样的梦想，都应该能够有利于自己树立正确的世界观、人生观、价值观，甚至影响身边的人树立正确的"三观"。以己之力，赋予群体之凤愿。最后，你实现目标的过程，也将是服务于社会发展的过程。

第二，成果导向。这是由两种能力组成的。一种是学习能力，这样你才能做得更好；另一种是时间管理能力，这意味着你能对自己的工作有非常明确的优先级。

第三，行动导向。你需要不断采取行动，这是成功最重要的习惯。它是能够继续工作的能力，也是发展和保持紧迫感的能力。

特色决定高度

没有目标便失去了方向,没有期望便失去了动力。找不到"为什么而活着的"答案的人,就是因为不知道自己的人生目标是什么。

三十多年前,哈佛大学开展了一个关于目标对人生影响的跟踪调查。调查对象不局限于哈佛校内,他们是智力、学历、环境、年龄等各方面都差不多的人。

调查结果发现,27%的人没有目标,60%的人有较模糊的目标,10%的人有清晰但短期的目标,只有3%的人有清晰且长期的目标。

25年的跟踪调查显示:3%拥有清晰且长期目标的人,从不曾更改过目标,他们一直在不懈的努力,几乎都成为社会各界的精英。10%拥有清晰但短期目标的人,生活在社会的中上层,他们短期的目标不断被达成,又不断地生成,生活状态稳步,但上升缓慢。60%拥有模糊目标的人,只有很少数凭借运气爬上了社会中层,其余都混迹于下层,能够安稳地生活与工作是他们最大的成就。27%没有目标的人,几乎都生活在社会的最底层,生活过得很不如意,常常失业,靠社会救济。

可见,目标对人生有着巨大的导向性作用。一个人要想成就一番事业,就应该有一个明确的奋斗方向。沙漠中没有方向的人只能徒劳地绕圈子，生活中没有目标的人只能无奈地重复着平庸的生活。

是不是能够制定清晰且长期的目标，就是最好的呢？其实，如果在"清晰"和"长期"旁边再加一项"特色"，这样的目标就更完美了，即制定一个清晰的、长期的、特色的目标。这样的目标最能帮助我们发挥能力，也最终决定了一个人的定位。

在前面哈佛大学关于目标的调查结果中，他们还对那3%的精英人群进行了更加详细的划分，标准就是制定目标时是否有"特色"。如果将这3%扩展为100%，其中只有不到10%的人制定了相对有特色的目标，其余90%的人在当时来说，不具特色或是追赶热门。当然他们凭借自身的努力也做出了很大的成绩，只是成绩没有有特色的那部分人出色。而这仅有的不到10%的有特色目标的人中，最终坚持到底的不到1%，而这1%的人最后都取得了巨大的成功。通过这一连串的数字，我们能够看出，在哈佛大学调查的这批人中，最终目标清晰、长期、有特色，并坚持到底的人占比仅有0.01%，也就是万分之一。

如果说清晰且长期的目标决定了人生的高度，那清晰、长期、且有特色的目标将进一步拉高人生的高度，成为真正的成功者。

既然特色很重要，特色决定更高的高度，那么，当我们在树立目标的时候，应该如何衡量目标是否有特色呢？

有特色的目标应该是，你所树立的目标肯定要和你的自身条件、所处环境、兴趣爱好、发展走向相符，要立足于实际，也要超越当下。

激励自己不断超越生命，令自己时刻充满希望，让目标的激励作用发挥到最大限度，并最大限度激发你的潜力。

但是，我们要明白一点，保持特色往往是不容易的，因为有很多的诱惑或挫折导致我们脱离原有的特色，回归无特色的老路，甚至丧失了对目标的把控。下面列举几项可能导致特色消失的诱惑，在奋斗的过程中要多加注意。

- 避免多元

非洲草原上的食肉动物，它们生存最重要的技巧就是捕猎时集中精力在固定的目标上。不论其他猎物是否更加诱人，也不管当前的目标猎物多么有难度，都坚定不移，直至成功为止。试想，如果动物们捕猎时无法专一，那么就算是耗尽体力也终将一无所获。对猎物的专注，是肉食动物的一种猎食智慧，专注能产生一种爆发力，专注更能提高命中率。

世界零售业巨头沃尔玛，自始自终只做零售，钱再多也不买地；美国通用汽车公司，一百年来只生产汽车与配件；比尔·盖茨，钱再多也只做软件。因此，要想实现目标，我们只需要做好一件事就可以了，那就是，紧盯着自己的终极目标，并不断为之奋斗。

- 合理欲望

欲望会影响目标的走向。大大小小的欲望，从潜意识到意识、从物质层面到精神层面，不断地袭来，搅扰着我们的意志力。

目标，用学术上的解释是：意识层面通过理性的运算，对未来自身的状态做一个可量化的评估。目标的重点是，"意识""理性运算""未来""量化评估"，有特色的目标更是建立在这四个元素正常的状况下。但如果欲望不受控地袭来，上述四个元素难免会发生混乱，由此产生的特色消弭，直至目标偏差将不可避免。

比如，某人月薪3500元，终极目标是有房有车，现在他想在下个月买一部3000元的手机，完成这个小目标还是轻松的，欲望控制在合理的范围内。但如果目标是要在40岁之前成为亿万富翁，就要考虑这3000

元的手机是否应该买？这个欲望与实现目标哪个更重要？如果任由这类的小目标不断侵扰，自己不断妥协，是否会影响终极目标的完成？可见，同样的一个小目标，在两种情况下有了完全不同的境遇。最理性的方式是减少不必要的支出，将钱用在最该用的地方。

- 化解意外

意外会破坏目标的完成度，意外也会强化对目标之外的欲望的渴求度。有个词叫"反脆弱"，是指有一种人越是遭受打击，就越自强。这个词正好说明了一个人对自己设下的目标在遭到破坏后，所呈现出来的态度是如何的。

比如，某人目前月薪3500元，打算在年底前买一台15英寸的MacBook Pro，但却接到了房租每月要涨600元的通知。他真的是很郁闷，但不管怎么样也一定要买MacBook Pro，就算推迟也要买。这是典型的"反脆弱"性格。当目标遭到破坏时，依然坚持自己的目标，而且比以前更加渴望达成自己的目标。

房租上涨就是意外，化解这个意外最好的方式是放下购买MacBook Pro的想法，将意外以最平和的方式化解。

厘清目标丛,找准内心的潜力量

怎样才能得到我们想要的?在《心想事成学》一书中作者给出了"清晰视野法则",意思是为了击中目标,你需要把它看得清清楚楚。看清目标才能找准方向,否则人生的航船只能在迷惘中徒劳挣扎。如果你现在还是一只"盲船",那么你将感受到所有方向的风都是逆风。

看清目标的原因是目标从来不是单独出现的,而是成群出现的,这让我们经常陷入迷乱中,觉得哪个目标都很有诱惑力,不知该选择哪一个目标。或者即便选中了目标,中途也会因为随时闯入的目标而再次陷入混乱。只有当我们看清了目标,并能坚定地为目标奋斗时,你才会感受到内心强大的潜力量随之迸发,这是一种来自天性、渴望获得成功的原始的力量,也是最有爆发力的力量。

那么,如何能将目标看清楚呢?推荐的方法是运用"GROW模型"(图4-1)。

"GROW模型"最初被用在职场上,但随着不断的开发和发展,如今已经被用在生活和工作的很多方面,它的主旨是厘清现状,减少某些事情对目标的干扰,使执行者从内心认准目标,并找到实现目标的办法。

图 4-1　"GROW 模型"图示

GROW模型代表一个程序，它包含四个方面的内容：设定的目标（G），当前现状分析（R），发展路径以及备选项或障碍项（O），以及制订行动计划（W）。

首先你需要思考希望去哪里（目标）；并确定自己的当前位置（当前现实）；然后你会搜寻各种路线（选项）以到达目的地；最后你会确定最终的目标（愿望），并承诺为目标而努力，为路上可能遇到的困难做好准备。

清晰目标描点，专注长远目标，是实现目标的关键。没有清晰的发展线路和战略目标，一切行动终是盲目的。只要你清楚自己所有的付出都是为了一个终极目标，那么，一切的努力都是值得的。只是，你必须时刻专注于目标，并时刻提醒自己。

- 不要将当下的目的误认为是未来的方向

场景：

我喜欢足球，经常在微博中发表关于足球比赛的分析，时间一长，我形成了非常固定的球评的习惯，甚至不惜耽误工作。

有些人向来做事目标感很强，做事认真细致。看起来这种状态更像是长期稳定的价值观和行动力所形成的行为习惯，也很符合"责任心"这种性格。简单地说，这类人在做大多数事情时，都表现出了较好的自律、严谨和责任心。这些人稳定可靠的行事方式往往会让其他人认为他们的目的性很强，从头到尾都有清晰的计划，但这是不一定的。他们很可能没有一个清晰的目标，只是因为当下有这样一个任务或是有必要做这件事而已，他们认为自己应该是自律、严谨、有责任心的人，所以更像是对自身价值观的遵守。

在看到别人有这种状况后，我们应该自省，是不是也有将当下的某件事或某个目的当作未来方向的时候。我写球评微博时，就是犯了这个错误，将本该是业余爱好的事情，放到了超越目标的位置。为此我失去了内心的力量，越来越累，越来越迷茫，直至有一天我认识到了这个问题，才逐渐克服。

- 对当下做的工作有信心

某建筑工地招聘了A、B、C三名力工。第一天工作时，有人问他们在做什么？

A头也没抬，不耐烦地说："在挖沟！"

B抬头说："我在给大楼挖地基。"

C抬头笑着说："挖地基，这座楼将会成为全市最漂亮的房子！"

十年后，A依然是力工；B成了不用干苦力活的放线员；而C成了A

和B的老板。

不同高度的人生目标决定了他们不同的命运：想的最远的，走的也最远，没有想法的只能在原地踏步。

C为什么想的最远，因为他对自己当时的这份工作最有信心，将这份工作当作毕生的目标来努力。只有在制定了正确、长期的目标后，我们才能对人生的走向有确切的定位。上述的C，他的目标是在建筑业取得成绩，那就要从最不起眼的力工活做起。因为他有目标，所以他一点儿不觉得这份工作卑微，而是怀着对美好未来的向往，愉快地努力着。

有一点必须强调，就是"对当下做的工作有信心"和"不要将当下的目的误认为是未来的方向"这两点并不矛盾。前者是为人生设定了目标后，有方向的努力；后者则并未给人生设定目标，只是盲目地为眼下的事情努力。

● 列表任务不能过少

清理目标需要注意不能走进一个误区，就是盲目减少任务列表中的项目。之所以强调这点，是因为很多人已经或正在犯着这个错误。他们认为如果减少任务项就能方便找到目标然后立即抖擞精神。最好减到只有一件事情，那样就可以全力以赴了。但事实真的是这样吗？当我们只有一件事情要做时，紧迫感荡然无存，别忘了紧迫感也是激发我们自律动力的一部分，只要不过分就好。如果现在没有了紧迫感，哪怕是削铅笔这样的事，恐怕也无法完成，我们可以尽情地拖延，因为反正也没有第二件事情可做。

那么，有人会说，我最近任务不多，只有一两项该怎么办？这时就可以加入几项（图4-2）。

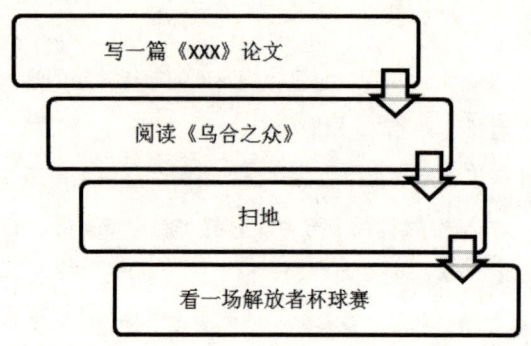

图 4-2 合格的任务清单

在加入项目时需要技巧,不能加入那些既浪费时间又消耗精力的事。首选是已经完成的事情,比如,阅读《乌合之众》,其实上半年已经读过了,还做了注解,是本好书;次选是用时很短就能做到的事情,比如扫地、刷碗、下楼买点东西等,几分钟、十几分钟就做完了,既转换了心情,又积累了完成任务的自豪感;再次选是让自己能身心愉悦的事情,或许会消耗些时间,但也是值得的事情,比如正好有一场球赛,可以观看,然后再写一篇简单的战术分析。

多目标抉择时,先进入行动环节

场景:

斯嘉丽计划要阅读《乌合之众》《喧哗与骚动》《名利场》《伽拉泰亚》《最后的莫西干人》等20本书。但是从哪一本开始读,成了大难题。看了几天《喧哗与骚动》,又改了看《伽拉泰亚》,可是没有几天,又想看《乌合之众》了。"每次我都想,这回一定要读完,可是翻了几页,就忍不住想要去读其他的。"斯嘉丽说。半年时间过去了,这些书在她手里转了几个圈,却一本也没能看完。

斯嘉丽怎么了?几个月时间,抄也抄完了。但这就是斯嘉丽的现状,她也很苦恼,她计划得挺好,可是在执行阶段却遇到了麻烦。你可能会认为,这有什么麻烦的,选一本看就可以了。但现实中就是有很多人在多目标选择时,不知道该怎么选,一直迁延徘徊。

这种选择困难通常是害怕失败或者是想得到更好两种思维导致的。比如,A选项、B选项、C选项,或者还有更多选项,哪个都有可取的地方,哪个又都有不可取的地方(图4-3)。

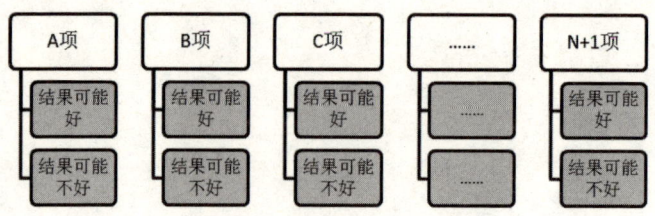

图 4-3　多目标选择时的困惑

正因为每个选项都各有利弊，因此，纠结于选哪个都将无法解决这个难题。最好的方法是先进入行动的环节，即不管选哪个，随便先选一个，然后不管不顾地开始行动起来，不要顾虑能得到什么结果，尽能力做好就是了。

你可能不同意我的观点，觉得选择怎么能随便做出呢？选择当然不能随便做出，但现在的情况是无法做出某种选择，那就要使用一些额外的方法，给自己一些意外的刺激，打破现状。实现目标，行动永远是最重要的，不行动起来，将成为暗无天日的死循环。在行动的过程中，或许因为多选中的平衡状态被打破了，方便我们看到各个项目本质的优劣，此时更能够做出最正确的选择。

当然，这种不顾一切的行动只是最后的方法，如果可以，尽可能在冒险的行动之前就做出正确的决定。但不论如何都要行动，行动才能实现目标。

- 减少选项

面对的选项越多，精神就越疲惫。我们都有这样的体会，要在堆满一柜子的衣服中找出穿哪一件，是非常艰难的事情。很多女性朋友经常为此忙活一两个小时也定不下。想一想，仅仅是从衣橱里挑一套服饰就如此折磨我们，何况生活中将面临的更大的选择呢？所以，最成功的人都选择过简化的生活，越简单越好。斯蒂夫·乔布斯只穿深色T恤和牛仔裤，马克·扎克伯格的衣柜里有大量灰色T恤，英国女王永远都是同款服装，只是颜色不同。他们的目的都是为了缩减自己的选项，把有限的精力投入在更重要的事情上。

同样的道理，在面对将要做选择的事情时，也要尽可能地将选项减少，留下的选项越少越好，如果最后只需要做出"不是这个，就是那个"的选择岂不是简单多了。

- 要求不能太高

做选择艰难的人，往往都是因为过于追求完美，他们对自己要求过高，对即将要做的事情的结果也要求过高。大脑给出了难以抉择的信号，因为选择哪一项都不会是最完美的。

正因没有绝对完美的选择，就不要去期望得到完美的结果，静下心来选一个恰当的选项就好。至于选项未来的走向如何，关键在于未来如何操作，任何事情都是没有最好，只有更好。

- 积极面对难题，即使做个暂时的行动计划也要开始

难题是生命的鬼魅曲，它总是伴随我们左右，不限方面、不限时刻。难题来了怎么办？告诉大家一个不错的办法——简短计划法。

可以短到只有开头即可。因为是难题，根本就没有解决的好方法，后续更不知道会发生什么，如此情况下，如何做长远的计划呢？因此"未来三个月的×××计划"显然不合适，而"未来三天的×××计划"，甚至"×××问题的开始计划"是最合适的。

有人会问，难题不好解决，又没有详细计划，失败了怎么办？那

么，如果一直迁延不行动，岂不是连失败的机会都没有！不是所有的失败都意味着彻底的失败，有些失败只是暂时的，甚至会成为事情的突破口，从而从失败走向成功。但一切的源起，都以开始行动为基础。

将目标分出等级

在未讨论本节之前，先指出一个重要的点：将目标分出等级，不是简单的制定目标的大或小，这些内容在前边小节中已经讨论了。而且大目标和小目标在制定的初期就是一目了然的，小目标是大目标的拼图板，一块一块地最终完成大目标。本节要讨论的是，当某一时期多个小目标接踵而来时，先做哪个、后做哪个。

你可能会说，反正都是小事情，反正最后都要做，先做哪个都行。不要小看这个问题，如果你理不清这个顺序，不仅做事的效率低下，很可能还会耽误了正事。比如下面这个故事：

一名农夫早上起来，对妻子说要去耕地，他发现耕地的农机需要加油了，就准备加油。去仓库取油时路过猪圈，想起家里的几头猪还没有喂，决定先喂猪。进仓库拿猪饲料时，看到地上的几个土豆发芽了，他想到家里的土豆可能都要发芽了，应该去看一看。经过木柴堆，看到木柴要用完了，他想先去砍一些木柴。拿起斧子走进树林，发现有只鸡在地上扑腾，他认出来这是自己家的鸡，原来是脚受伤了……就这样，农夫一大早就出门了，转了一上午，晕头转向，结果呢？油也没加，猪也没喂，想干的事情一件也没干成。

这名农夫一看就是勤劳的人，眼睛里能看到这么多活，他都想去做，但为什么都没做成呢？最主要的原因是缺乏目标性。他没搞清楚自己今天的主要工作是什么，更没理清工作需要排序，关键的、紧迫的工作要先做，不重要的可以往后推。显然，耕地的工作最重要，不能过了时节；而给农机加油则是最紧迫的，因为它是耕地的必要工具。

目标的重要性，以及为目标划分等级的必要性。将目标划分等级，是支持最主要目标的实现。因为划分等级后，可以更清晰地看清楚哪个目标最紧急，哪个目标不紧急，哪个目标没必要做。

将目标划分等级可以增强我们的目标感。目标感是对分析目标、设定目标、拆解目标以及完成目标的整体感觉。目标感强烈的人，会很容易地判断出某件事特别有意义、特别重要；也会很容易地判断出某件事不再重要、没有意义、没有价值，从而果断地放弃。

具体要如何划分目标的等级，可以参照以下四个步骤：

- 分清各个目标的主次关系

目标再多再炫目，也要分清主次。要了解事情的本身，分清主次关系，哪个目标是现在最需要的？哪个目标对后续作用最大？哪个目标对自身发展最有益处？

场景：

某人需要准备明天的讲课内容，还有一篇关于"哲学的透视性"的文章正在被催稿，后天上午要进行一个网络媒体采访。那么，他应该怎样理清目标的主次关系呢？

如果不能静下心好好分析，很容易就被一下子涌来的几件事搞晕了。我们用以下三个简单的判定方法帮帮他。

第一，不是最引人注目的目标就是最主要的。显然，接受媒体采访是很受关注的,但因为发生在后天,所以,并非最紧急。

第二,最紧迫的目标不重要也是重要。明天就要讲课了,哪怕这不是件大不了的事,但迫在眉睫,必须要尽快抓紧时间准备。

第三,不是最有难度的目标就一定重要。写一篇哲学类的文章难度不小,而且还在被催稿,看似很紧急。但因为没有明确的交稿时间,所以,暂时并没有讲课和采访这两件事紧急,可以排在后边。

看看,他的目标的主次关系并不复杂,可以很容易就做出判断。现在的当务之急是准备讲课的内容,其次是为接受采访做准备,最后才是写文章。

● 设定阶段性的小目标

我们已经知道,远大的目标,应该一步步实现。因此,在确定了大目标之后,要将目标分解,让目标更现实化、更具体化。

第一,分析目标与当前的关系。阶段的小目标要根据自己的状况制定,要符合自身的客观规律。比如,某严重的拖延症患者,制定了每天必须专注工作8小时的"小目标"。这个目标可不小,即便对于已经养成自律习惯的人来说,也是有考验的,有拖延症的人根本无法完成。我们可以将这个小目标改一改,比如每天早上7:00起床、每天晚上23:30睡觉、每天至少专注工作1小时、每天练习两组各10个俯卧撑、每天5分钟平板支撑……这些都是小目标,可以选择其中若干项,先坚持着。当完成这些小目标不感觉有痛苦时,再进入下一个更严格的阶段。

第二,阶段性目标必须是渐进式的。某个阶段完成后,此时不能急于求成,要知道我们的内心和能力还没有那么强大,如果步幅太大,会让自己受伤的。还以上面拖延症患者为例,他已经成功地适应了第一阶段,那么第二阶段的小目标应该是,每天早上6:30起床,每天晚上23:00睡觉、每天至少专注工作3小时、每天练习两组各20个俯卧撑、每天两次各5分钟平板支撑……当这种更进一步的阶段目标实现后，再进入下一个阶段。

- 为目标划分时间段

我们知道目标拆分的作用，将宏大的目标拆分成若干个节点，一个节点一个节点地实现，从而最终实现整体目标。这是以目标点为标志的拆分，还有一种以时间点为标志的拆分。你决定写一本书，可以每5万字做一个目标节点，也可以将每周做一个目标节点，都能达到降低任务压迫感的效果。

比如，你计划读书25分钟后休息5分钟，在学习三个时间段之后可以休息更长一段时间。在规定的读书时间段内，你必须保持专注。但是，总会有想做另一件事的冲动，不要去想它，专心做当下时间段内该做的事。总之，在充分保证效率的情况下，任务一定会按时完成。

树立目标重要，有规划地实践目标更重要。就像选择一个方向很重要，选择脚下的路更重要一样。

- 立即行动，实行目标列表中的第一项

做出选择了就不要给自己留退路。现在的任务就是完成当下第一等级的目标，立即开始行动，不要再说"以后还有机会""时间还比较充裕"之类的话，这些想法会引发很可怕的"停滞反应"。很多事情一旦放下来，就再也没有被拾起的机会了。

因此，不立即行动，就意味着这次行动被搁置了，这次的目标白定了，等到再次想要行动时，还需要重新做出选择。那么，下一次做出选择后，谁知道你还会不会再一次有"以后还有机会"的心理。因此，在做出选择后，你应该立即行动，使自己保持较高的热情和斗志，直至完成目标。

只做更接近目标的事

有了目标后,就要以目标为导向,不断前进。但有些人在前进的途中常会走偏路,最后距离目标越来越远。还有些人只是嘴里喊着要大干一番,却从不见行动。走偏路是因为目标不能马上被实现,途中的风景或坎坷会牵引我们偏离路线,甚至放弃;不行动者是典型的空想主义,从未为了理想努力过。很显然,这两种现状都是不可取的,尤其是后者。作为一个有理想的人,也对自己的人生负责的人,我们不仅仅要有一个远大的目标,还要有为这个目标不懈奋斗的切实行动。

任何大目标的实现,都是依托在一个一个的阶段性小目标上的。要想实现自己的想法,就要设定出比较具体的按照自己思想行动的小目标。这些具体目标的设立原则就是"我现在做的,是否使我更接近目标"。

你的目标一定不能是空泛的。不能只喊着诸如"我要战胜自卑""我要养成自律的习惯""我要开始锻炼身体"等口号,而是要写下具体的目标,比如,"从今天开始,每天主动与别人交流""每天8:00~12:00、14:00~17:00必须投入工作,可采用番茄工作法""每天完成6000字的稿件量""每天跑步3000米、做20个引体向上、20个俯卧撑、40个仰卧起坐"等等。你所列出的这些近期计划对你的终极目标的实现都是有帮助的，因此，既然写下了就一定要去做、去完成。

为了不使自己所列的这些目标成为空谈，必须要付出努力去达成目标，下面从三个基本步骤和一个必要方面分析。

● 利用目标形象化，明确知道自己想要的

大多数人只是对自己想要的有个大概的想法，并不明确自己想要的具体是什么。如某人的理想是建立自己的生意网络，但却不知道想要打造的是哪种生意？几年后它看起来又会是怎么样？可以达到什么规模？

为了弄清楚自己真正想要的是什么，将目标形象化是一个非常有用的练习。我们可以想象一下自己成功之后的情形，想象那看起来会是什么样的情景，我们的生活会因它而发生怎样的变化。

当你认可了这种形象化的结果后，就等于确切地知道什么是自己想要的，这有助于我们确定在奋斗的路上所遇到的事情是否是我们所需要的，以及能否帮助我们。

如果你不了解自己想要的，那么在前进路上那些不相关的精彩或糟糕的事情就会分散我们的注意力。因为我们无法判断，克服这件阻碍自己的事会不会给我们的努力带来益处，在判断不清的情况下，就容易走偏路或者放弃。然而，当我们明确地知道自己想要的是什么之后，就能够清楚地判断什么是与自己的目标相关的事情，并且会坚定地走下去，再大的波折也会下决心克服。

● 在做的过程中不断调整，使自己离目标更近

我们总是在做不完一件事的情况下，埋怨这件事的艰难，却不去想想是不是因为我们并没有真心实意地想做完它。我们没有下定百分之

百的决心一定要完成这项工作，所以，当有一些令我们分神的情况发生时，我们的"神"总会跟着飘走，然后很长时间飘不回来，导致事情被耽搁，自己距离目标也越来越远。

应对这种糟糕情况最好的方法就是不断调整工作的模式，让自己远离可以分神的情况。比如，你是个手机控，那就在上班期间不带手机；处理棘手问题时，不要回复朋友的邮件；熬夜加班时，不要被肥皂剧吸引……

很多保持高强度工作以及高自律态度的人，在靠意志力的同时，也会用一点额外的手段，比如关掉网络、关掉手机等令自己"强行专注"。可见，想要真正地勤奋起来，只能做让自己更接近目标的事情。

美国管理学大师迈克尔·波特评价自己："我做事目标感很强，凡事我都问自己怎么做对自己最有利，怎么做可以达到目标。我没有情绪化，我也不懒惰，总是一步一步地朝着目标前进。"

● 始终遵循一条直线

在几何学中，有一个非常实用的规律——直线法则：两点之间直线最短。

目标就是想要的特定的结果，而实现目标最好的方法是采用最快、最直接的路径，不要有任何多余的步骤。即只做那些能让你更接近目标的事，不浪费时间精力去做多余的事，那不符合直线法则，不是最短的路径，会让你花费更多时间才能达成目标。

但遗憾的是，这种方法说起来容易，做起来却很难。通常的阻碍是一些会使我们远离目标的常态化习惯。当我们被每天的习惯缠绕时，我们走的就不会是直路，而是弯路。而且被习惯缠绕的时间越长，弯路的弧度就越大，很可能最终永远无法抵达想去的终点。

比如，你的目标是增加储蓄的100%。但你每天仍然会花费50元购买最喜爱的咖啡和点心，因为这是习惯。一个月30天，50元每日就是1500元每月，18000元每年，这是一笔很可观的钱。你可以看到，这种习惯并不利于达成你的目标。

所以，无论在做什么事之前，我们都应先问问自己"这是一条直路吗？""这样做有助于我最快达到目标吗？"当回答是否定时，就应该立即停止做这件事。

● 磨利你的锯子

虽然做使自己更接近目标的事是重要的，但如果没有一把"锋利的锯子"，依然会浪费很多的时间和精力。很多时候我们的状态是：为了使事情顺利开展而工作得非常辛苦，却没意识到我们的锯子已经变得很钝。在这种情形下，我们很努力，回报却少得可怜。你可能会气愤地发现，某些人看起来远不如你努力，但最后他们的成就却超越了你。

知道自己是否具有锋利的锯子的一个好办法就是自我观察，看自己能不能在规定的时间内做好规定的事情。这种做法可以判定出我们是否具有旺盛的精力和创造力，或者我们的表现是否处于或者接近顶峰时刻。

如果你的答案是否定，那么就需要将你的锯子磨利。如何磨利锯子所要采取的行动取决于当下的情况。比如，也许有必要从烦累的工作中抽离出来休息一段时间；也许有必要学习一项新的技术；也许应该检查一下自身的健康状况；也许应该重新审视自己的生活状态……总之，要不惜一切代价使自己的表现回到顶峰状态。

记住投资在打磨自己的锯子上的时间是非常值得的。拥有敏锐的目光和出众的能力，才能做到花费更少的时间和精力取得成功。

让一部分计划先"牛"起来

你想过篮球架的高度为什么被规定为3.05米(篮筐到地面的高度)吗?如果篮筐有两层楼那样高,谁也别想把球投进去,谁还会玩!而篮筐如果不到两米高,随便谁都能伸手灌篮,也没什么意思了。正因为篮球架有一个只有跳一跳才能够得着的高度,玩起来才更有挑战性,才使得篮球成为世界性的体育项目。

"洛克定律"又称作"篮球架原理",当目标既是未来指向、又富有挑战性的时候,它便是最有效的。通俗的解释是,目标要具备"跳起来,够得着"的属性,才最有吸引力。

"跳起来"意味着挑战性,"够得着"意味着可操作性。

高尔基曾说:"一个人为自己定的目标越高,那么他的潜能就发挥得越好。"

你给自己躺着能完成的工作,能力会退步;你给自己坐着能完成的工作,能力会停滞不前;你给自己站着能完成的工作,能力的进步会非常有限。要想使自己的能力有突破性的进展,目标要具有一定的挑战性,需要积蓄能量,奋力一跃才能实现。

一个有效的目标,既要有挑战性,又要有可操作性。制定跳起来才能达成的目标，是为了在有一定压力的环境下发挥自身的潜能，使自己能快速成长，但这不代表应该超负荷工作，要明确"跳起来"不是"飞起来"，"够得着"不是"够不着"，必须要在可控的范围内给自己加码。

"跳起来，够得着"是让一部分目标先牛起来的基础。每跳起来一次，就够得着一部分目标去实现，脚下的起点就又高了一层。再在新的起点上再度跳起，再够得着一部分目标去实现，起点再次随着升高……就这样不断跳起，不断实现，不断升高，最终实现大目标。

- "只追前一名"

我们做事经常半途而废，其中的原因往往不是因为难度较大，而是觉得成功离我们较远，确切地说，我们不是因为失败而放弃，而是因为倦怠而失败。因此，当我们有了长远目标，就需要将它分解成一个个近期的目标，抵达每个近期目标就如同抵达一个一个小站，超越这些小站就如同又上了一个台阶。

场景：

有一个女孩，小时候身体纤弱，每次体育课跑步都是最后一名。她既伤心又沮丧。妈妈安慰她："没关系的，跑在最后是因为你身体不好。不要想着去追第一名，你的目标是：只追前一名。"此后，小女孩每次跑步就奋力追赶她前面的同学，慢慢地一名一名地追上去。一个学期还没结束，她的跑步成绩已是中游水平了。

这个女孩2001年从北京大学毕业，同年4月被哈佛大学教育学院以全额奖学金录取。她就是朱成。

"只追前一名"，就是"跳起来，够得着"。

辉煌的人生不会一蹴而成，它是由一个个不起眼的小目标的实现堆砌起来的。第一个目标实现的欢悦是你远大目标实现的基础。让我们把目标化整为零，从第一个目标的实现开始，从战胜自己开始，从每个清晨醒来叫醒你的不仅仅是闹钟，而是为了实现目标的动力开始。

将这样的"设定—分解—抵达"变成一种流程，成为一种习惯，任何一个长远的目标，就都会在顶峰向你微笑地招手。

● 正向列表，反向操作

根据实际情况，把必须要做或者想要做的任务列成表，按重要程度排列。很紧急很重要的任务在最上面，不太紧急但又必须要做的事排在下面，既不太紧急又不是必须要做的事，要么删除，要么排在最下面（图4-4）。这是列表的正向方向，最关键的任务处于最高的位置上。

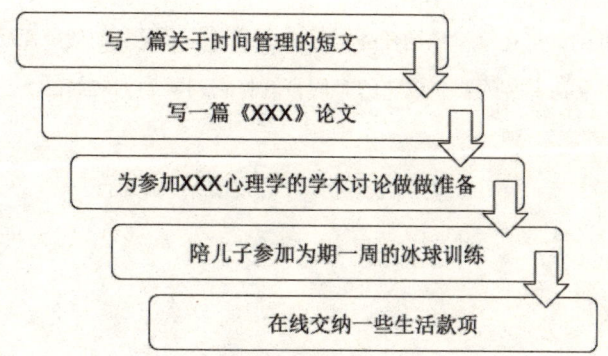

图 4-4 按重要程度排列的任务列表

具体操作是由下至上，先做那些靠下面的事情，来规避紧要任务带给我们的内心压迫感，以较为轻松的状态完成。不要为自己这样的操作安排感到羞耻。按这种结构来执行任务，拖沓之人将积累起成功做事的信心和成就感。

现在你可能会问："列表最上面的、最重要的任务，还有机会做吗？"

这的确是个问题。因此，该把什么样的事情列在任务列表的最上面有个小技巧，就是将"理想的任务"排在第一位。理想的任务具有两个特性：首先，它们好像有最后期限（但实际没有）；其次，它们好像特别重要（其实不是）。

幸运的是，我们生活中这样的事情有很多。以图4-4中最顶端任务为例：写一篇关于时间管理的短文。它是看似紧迫，实则是可以自由把握的并不太重要的事情，虽然难度不大，但因为不愿意写，我选择暂时逃避它，将它列到第一位。每次从最下面一项做到正向第二、三项任务时（第二、三项才是真正特别重要的任务），就再次回到底部重新开始了。

可见，排在第一项的任务，只是个"十分重要"的假象而已。当然，如果到了必须要完成它的时候，就将它调整到列表第二、三项的位置。

第 五 章

一天有26个小时的魔法

每天只有24个小时,如果我告诉你,有些人一天有26个小时,多出的2小时来自一种魔法,这种魔法就是自律,即自我规范。将时间的利用率延伸到秒,你会发现时间的弹性将增大。本章就来介绍这种魔法,延长生命的机会来了!

怎样为自己争取更多的自由

伊曼努尔·康德说:"自由不是你想做什么就能做什么,而是你不想做什么就能不做什么。"从人类历史之始,自由就不断得到歌颂,成为人类追求的终极目标之一。

当今社会,人们对自由的美好想象,莫过于睡觉睡到自然醒、没有老板、不用干活、没有约束、想做什么就做什么……

场景:

她原本的梦想是:辞职之后,有时间打理自己和家里,每天早上健身,给自己做顿美味的饭菜;下午约朋友喝个下午茶,聊聊天,畅谈人生。

她的实际情况是这两个月在家里日夜颠倒,蓬头垢面,精神不振,吃泡面和外卖,埋头打游戏和上网。所谓的健身、下午茶和美味的饭菜,一样都没有实现。

她确实是自由了,没有约束,没有老板,不用干活,可为什么还是没有过上自己想要的生活?斯科特·派克博士在《少有人走的路》中写道:"自律是我们解决人生问题的基本工具。没有自律,我们什么都解决不了。"

自律

如何成为别人眼中很厉害的人

这位辞职者如果能够自律,每天按时起床、洗漱、买菜、准备饭菜、坚持健身、喝下午茶,那梦想就可以变为现实。选择理想的生活仅仅是一个开始,真正实现却是要靠自律。对比之下,康德的一生可以算是典范。他按时起床,按时散步,按时写作,按时就寝,每一项活动都如此准时,以至于他的邻居以他散步的时间作为时钟的校准。高度自律的一生,带给康德的是丰硕的收获。

分享一段话,摘自《习惯的力量》,大意是:"如果一个人连要不要抽烟喝酒、什么时候睡觉、什么时候起床、什么时候静下来开始工作这类事都要刻意为之,纠结良久,那他过得是有多惨。与其每天浪费时间精力在做这样的决定上,不如将它们变成一种无意识的习惯,解放自己的身心。"

自律是一种良性的状态,是最优质的状态。因为自律能够在最大限度上避免让我们为琐事烦扰,虚度时间,做到精力和时间分配上的优化,这无疑能使我们拥有更多的自由做更有意义的事情。当自律成为一种良好的习惯的时候,将给我们最长久的自由。

从字面上来看,自由和自律是一对矛盾。自由,是放任自己,以自我为中心地享受生活;自律是要求自己、规范自己和约束自己。英文中有两个"自由",一个是freedom,代表无拘无束,想做什么就做什么;另一个是Liberty,代表在一定限制下的自由。大多数人想象的自由是前者,但现实中可以拥有的自由是后者。

能够自主,在一定程度上掌握自己的命运,有选择的权利,这是我们讨论的自由。想要真正实现这种自由,靠的是自律。自由,让我们选择了自己想走的道路;自律,让我们沿着选定的方向把这条路走下去。

- 请个辅助的"管理者"帮我们自律

一位朋友跟我说:"最近我又开始下班进健身房了,但天气逐渐转冷了,我怕自己坚持不了几天,怎么办呢?"我帮他想了个办法,就是请个辅助的"管理者"督促其自律。这个"管理者"是一款运动打卡的APP,每次点开健身程序时,APP都会弹出一句醒目的话:自律给我自由。

当然,除了这个方法,还可以有其他的方法。我的"管理者"是定时启动的健身课程,每天早晨5:30准时开机了,健身者阳光的声音给我很大的动力。还可以邀请一位亲人或朋友扮黑脸来监督我们,而且无论多么不情愿都要向他"妥协"。我曾在一本书中看到,作者竟然让他的宠物狗当"管理者",在此之前,它让狗狗养成了早上4:00起床的习惯,于是一到时间,他的狗就起来了,随后就去打搅他,想睡也睡不了了。

- 创建自己的"趁早笔记本"

"成名要趁早!"这句话大家都熟悉,表面意思是成功要越早越好,但真正的意思却是告诫我们,努力要趁早,毕竟成功是由努力获得的。

努力的重要标志就是能否自律,一个自律的人,一定是努力的人,而不能自律的人,也基本与努力无关了。

为了让自律能有的放矢,我们可以做个"趁早笔记本",就是:提早规划我们的人生,以求尽早实现。首先,尝试着写下一生的计划(暂时不较真,有目标就好);其次,将计划拆解,以时间长短为基准,先拆解成几年,再拆解成一年、一季度、一月、一周、每一天,或者更具体的每段时间。

这样做有四点好处。第一，可以确保每天所做的点滴努力都是为了一步步迈向我们想要的结果；第二，能够更清晰地认识到任务的轻重缓急，以合理分配现有的资源和能量；第三，在努力执行的过程中能够更切实地看到计划的不足之处，尽快改正；第四，可以尽早发现目标方向是否正确，若发现目标与自身能力范围不相符，可尽快转弯。

越干越快乐的"3-8式生活"

时间是生命的原料,我们有多大的成就取决于怎样利用我们的时间。对于利用时间,日本作家中岛孝志有着自己独特的理论,他将该理论写成《4:00起床》一书,并总结为"越干越快乐的'3-8式生活'"。

通常我们将"3-8式生活"称为"3-8式生活法"。具体操作方式是,每天4:00起床,进入工作或学习状态,一直到晚上20:00睡觉。相当于一天被分成了三大块时间(图5-1):早上8个小时(4:00~12:00),下午8个小时(12:00~20:00),晚上睡眠8个小时(20:00~4:00)。

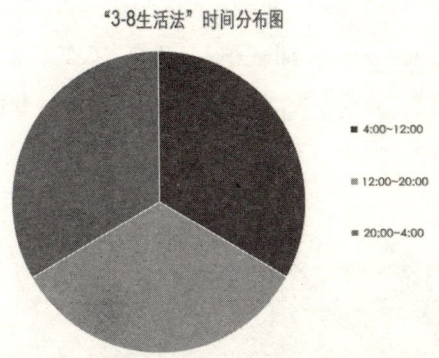

图 5-1 "3-8生活法"的三大块时间

讨论第一个问题：为什么一定是4:00起床，而不是5:00或者6:00呢？

将一天分成三大块，上午8个小时，下午8个小时，睡眠8个小时。既不影响睡眠，也不影响一日三餐，更重要的是，早睡早起是最健康的生活方式。

讨论第二个问题：4:00起床比正常起床的好处在哪里？

上班族的平均上班时间是上午9:00到下午18:00。若是到中午12:00休息，上午只有3个小时的工作时间。有的人9:00时根本还没清醒，可能10:00都还没办法进入工作状态，这样上午最多只有两个小时的工作时间。还有的人可能很勤奋8:00上班，那整个上午他也只有4个小时的工作时间。

再看下午的工作时间。通常都是13:00开始工作，到18:00下班，一共5个小时。因此，很多人工作时都把下午作为重要时间段，处理最难的事情。

但是，人的思维最活跃的时间段是上午7:00~11:00和下午

14:00～15:00，共5个小时。对比当下的工作时间的安排（图5-2），我们会发现，与人类生理构造相差很大，重合度太低，基本上上午的好时间过了，我们才工作没多久，而下午的好时间太短，我们却在不停地忙着重要的工作。

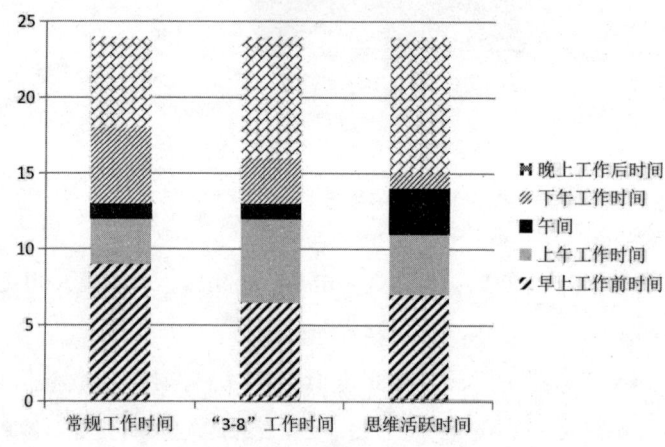

图 5-2　常规工作时间和"3-8式生活法"的

工作时间与人体思维活跃时间对比

再从另一个角度看看：假设人一天醒着的时间是16个小时到18个小时（工作日），那上午的工作时间只占到了总清醒时间的16%～18%，下午的工作时间则占27%～31%，总共是44%～50%。我们工作的时间竟然只占总清醒时间的一半，而另一半清醒的时间因为都是在晚上，很习惯地被我们当作工作一天后的放松时间而消耗掉了。也就是说，本就宝贵的时间，却被我们很轻易地浪费掉了。

因此，必须要改变工作时间的安排了。

"3-8式生活法"要求我们4:00起床，去除吃早饭、运动和上班路上用时，上午至少有5个小时的工作时间，分为上班前和上班开始后两个时间段，具体时间根据实际情况而定。下午从13:00~16:00是工作时间，相对于上午处理重要的事情，下午处理一些不太重要的事情。此时还未到下班时间，可用余下的两个小时为第二天的工作做些准备。

重要的一点，采用"3-8式生活法"工作，在工作时间上与人的生理特征吻合程度最大。如此一来，工作的效率和质量将得到大幅度的提高，而且我们还不会感觉疲劳。因此，采用（早上5小时+下午3小时）的工作时间比（早上3小时+下午5小时）的工作时间更为合理。

讨论第三个问题：晚上的工作效率挺高的，为什么一定要改？

科学研究表明，人类的大脑在傍晚到晚上这段时间是一天中最不清醒的时候，这是人体的特征决定的。

但很多人会说："我晚上就很清醒啊！很多工作都要到晚上才能做。"这是相当普遍的现象，有些人已经养成了不到晚上不能工作的状态。我们需要分析一下，晚上是常规休息的时间，而我们强行悖逆自然规律，黑白颠倒，长此以往会导致神经衰弱，精神疲惫，大脑反应变慢。

人类有保持体内自我平衡的机制，身体感到疲劳之后，肉体和头脑都会自动罢工，大脑会向全身的细胞发出休息的指令，你的身体却不甘愿，执意超负荷工作，效率怎么可能高？而想做好工作是需要全神贯注的，如果在不该工作的时间工作，大脑就会处于迟钝的状态。不要自我感觉很清醒，那是因为你没有在白天、清晨工作过，从来没有感受过什么是真正的清醒状态，当你知道了清晨起床，尽早工作的好处后，就不会再选择晚上工作了。

综上所述，我们将"3-8式生活法"的好处总结为如下五点。

第一，时间效率。

每天4:00起床，等于一天的时间比别人多出4个小时，一年就多出了1460个小时，相当于每年比别人多出了60天。按照早上1个小时的工作效率相当于晚上3个小时的工作效率计算，等于每年多出了180天。

第二，工作效率。

上午5个小时的工作时间几乎能处理全天工作量的80%，而且上午的效率高，注意力集中，所以很有可能这5个小时就把一天的工作全部做完了。

第三，学习时间。

因为上午很可能做完了全天的工作，下午的时间就非常自由了，既可以继续完善工作，也可以用来自我提升，或者做一些私人的事情。

第四：睡眠规律。

人体一般是在睡着以后3小时才能进入高质量的睡眠状态。晚上20:00睡觉，到23:00大概会进入深度睡眠，持续3个小时左右，再转入一般性睡眠。23:00~2:00是人体最需要休息的时间段，也是最容易陷入深度睡眠的时间段。采用"3-8式生活法"恰好符合这一规律。

第五，生理构造。

肾上腺髓质分泌的"肾上腺素"和肾上腺皮质分泌的"肾上腺皮质类脂醇"，是两种让人精力充沛的荷尔蒙。肾上腺在黎明时分开始分泌荷尔蒙，这就是早上工作效率高的原因。

经过这几个方面的分析，"3-8式生活法"是非常科学的，也非常有效率。中岛孝志创造了"3-8式生活法"，也坚持"3-8式生活法"，所以他的工作效率非常高。他既是上班族，又是记者、培训师，还在商学院执教，在电视节目中担任评委，但他说自己完全没有时间不够用的感觉。

如果你每天早上能花半小时做最有创造力的事情,那你迟早会成为"吊炸天"的人。如同中岛孝志,他的处女座就是在地铁里面完成的,每天清晨的地铁都是空荡荡的,他将地铁当成了移动的书房。

最后用《4:00起床》中的一句话作为本节结束:"早晨采取怎样的行动,养成怎样的习惯;是做抢先一步的人,还是做落后一步的人——其中的差距决定胜负!"

大块时间与碎片时间

著名管理学大师彼得·德鲁克曾说："如何过一天，其实就是如何过一生。"这句话的意思是可以将人的一生浓缩成一天，从人这一天的行为方式就可以看出一生的轨迹。如果你是个非常自律、懂得时间管理、工作高效、生活条理清晰的人，那你的一生也不会差，但若恰恰相反，则一生的轨迹也决然不会好。

我们判断一个人一天过得如何的标准是什么呢？有人说是自律。但自律是相对宽泛的概念，而且支脉众多，还隐藏着很多错误的自律方式，如自虐性的、仪式性的、表象性的等。所以，在还没有充分了解自律时，必须采用其他的方式，最好能将范围缩小，聚焦在某一方面。那应该聚焦在哪里呢？德鲁克大师给我们的方法是：观察大块时间和碎片时间的去向。也就是，看一个人这一天的大块时间和碎片时间的安排情况和利用情况。

所谓大块时间，是一天中用来做最主要事情的时间，这样的时间通常有数个小时的时长，是非常连贯的时间段，如果利用得当，将受益非常大。

所谓碎片时间，是一天中那些没有被安排工作、没有被计划、零散的、规律性较差的时间。

你有没有因为大块时间没能充分利用而后悔？你有没有因为浪费大量零碎、闲散的时间而懊恼？我想只要是不够自律的人，都会因为自己的不作为而产生这样的想法。但仅仅只是想一想显然是不够的，要想办法让自己能够充分利用大块时间和碎片时间。下面介绍几种对大块时间和碎片时间的利用方法。

- 固定的时间做固定的事

一个人想改变自己，往往非常痛恨自己竟然浪费了那么多的时间。很多人都陷入了一个死循环的状态中：反反复复励志，写计划，然后一次又一次地被自己打败。不要急，有一个非常有效的破解方法：养成每天在固定的时间、固定的地点、固定地做一件事情的习惯。

可以从一个小的时间段开始，养成固定的时间，做固定的事情的习惯。比如，每天晚上给自己安排一个小时的读书时间。算一算，每晚读一个小时，一年就可以读30~50本书。如果觉得一个小时有些长，可以调整为30分钟或者15分钟，总之要安排一个固定的时间段。慢慢地，每晚读书就变成了你的习惯。习惯是有拉伸功能的，可以往前拉伸一点或者往后拉伸一点，比如每天早晨也安排一个固定的读书时间。当你逐渐适应初步的安排后，就可以慢慢加量。

为了避免高开低走，加量必须渐进。像练习举重那样，暂时只能举起100公斤，就不能一下子加到150公斤。可以先从100公斤加到105公斤，适应了以后加到110公斤、115公斤、120公斤、125公斤。加量读书时间也是一样，从15分钟开始，一段时间后加到20分钟，然后30分钟，40分钟，递进。

但还要注意一个问题，就是当举重达到125公斤时，已经渐进了数个台阶后,应该在这个水平线上多停留一段时间,起到巩固的作用,然后再继续加量。如果没有这个停顿,而是不断加量,那么很可能造成意志力和身体肌肉的崩溃。

一个人要想管理好自己的时间,不要着急一下子管好所有的时间,可以从一个固定的时间段开始,养成在固定时间和固定地点做固定事情的习惯,把大块的时间管理起来,然后让自己慢慢地有能力管理更多大块的时间。

● 给零散时间匹配零散的任务

我们都知道,每一天的碎片时间累积起来很客观,如何利用这些时间做对我们有意义的事,是非常有用的。为了更好地抓住碎片时间,我添置了一些必要的电子设备,比如便携的平板电脑,速度更快的手机,还下载安装了能够帮助阅读或记录的APP,方便自己在零碎的时间里能随时把读到的、想到的、看到的、灵感得出的材料都尽快地收纳进来。

朋友有一个方法更值得推荐,他放弃了开车,改乘出租车或地铁出行,然后把每天的社交联络任务,比如打电话、微信交流等放在这一时间段完成,既节省了回家后的时间,也保证了通勤的安全。

其实,我和朋友的行为,总结起来就是在零散的时间内做零散的事情。这也是很多"战拖达人"都提到过的好方法。这种方法就是用空闲的时间,提前设定好每个时间碎片可以完成的任务。这样一旦面对碎片时间,就可以立刻做对应的事情。

比如,5分钟=打一个电话、10分钟=看几页书、30分钟=编辑微信公众号后台的格式、50分钟=在手机上为某个选题写草稿……

有了这样的提前规划,就不会陷入"刷刷朋友圈、看看微博,时间就不知不觉过去了"的后悔中。

　　当然，即便给零散时间安插了任务，也并不能保证所有零散时间都严格地用来完成任务。毕竟我们是活生生的人，也要休息，也要娱乐；但是设定了这些任务后，总能有些零散时间段是知道该做些什么的，比不设定的时候强。

挤干有水分的"海绵时间"

"时间就像海绵里的水,只要愿意挤,总还是有的。"如今这句话依然被成功者挂在嘴边,他们经常做的就是"挤干海绵里的水",尽可能让时间全部属于自己。

想要挤干含水的"海绵时间","番茄工作法"就是一个不错的方法。这个方法如今风靡世界,是许许多多非常自律的人一直在采用的方法。自律者们依靠这个方法成就了自律的习惯,也在利用这个方法继续着自律的习惯。

"番茄工作法"由意大利管理专家弗朗西斯科·西里洛创立,该方法的优点很多,最显著的是减少工作被中断的概率,如果运用到位,可以禁绝工作被中断的现象。此方法能够唤醒内心的激励感,并将激励感保持良久。还能帮助我们完善和改进计划的流程,保质保量地完成计划。

番茄工作法的使用很简单(图5-3),选择一个待完成的任务,将番茄时间设为25分钟(自行决定,常规为25分钟),专注工作,中途不允许做任何与该任务无关的事,直到番茄时钟响起,在纸上画一个×,短暂休息5分钟(自行决定,常规为5分钟)。每执行4个番茄时钟,休息15分钟(自行决定,常规为15分钟)。

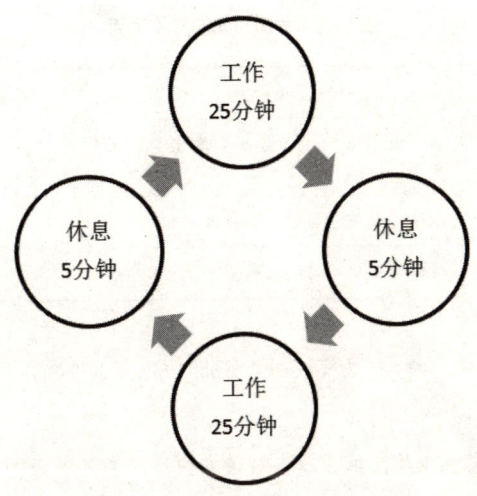

图5-3 "番茄工作法"的运用流程

- 番茄工作法的具体执行流程

我们结合表5-1来进行说明:

第一步,每天开始时规划今天要完成的几项任务,将任务逐项写在列表里;

第二步,设定番茄时间,时间是25分钟;

第三步,开始完成第一项任务,直到番茄时间响铃提醒(25分钟到);

第四步,立即停止工作,并在列表里该项任务后画一个×;

第五步,休息5分钟,活动、喝水、远眺等;

第六步,开始下一个番茄时间,继续工作。

……

第N步,每4个番茄时间后,休息25分钟。

表 5-1　番茄时间的具体运用

时间	任务	可用番茄数 8 个		
××××年 ××月××日	写一篇《如何学习绘画》的文章，最多 10 页	×	×	×
	朗读《如何学习绘画》并改正	×		
	缩减《如何学习绘画》至 5 页			

在表 5-1 中，画×的为完成一个番茄时间，一共 4 个番茄时间被执行完毕，还有 5 个尚未执行。

为确保番茄工作法能正确、有效的执行，有几项原则和经验必须要明确。

原则：

（1）一个番茄时间不可被分割，不存在半个或一个半番茄时间。一个番茄时间通常为 25 分钟，休息 5 分钟，因为"25 分钟+5 分钟=30 分钟"，有利于安排时间。

（2）若在一个番茄时间内做与任务无关的事情，则该番茄时间作废，需要重新开始计划。

（3）不要在非工作时间内使用番茄工作法。如三个番茄时间打游戏、两个番茄时间做饭等。

（4）不要拿自己的番茄数据与他人的番茄数据比较。横向的比较没有意义，每个人的番茄时间都有各自的规则和侧重点。比较只能纵向进行，用自己当下的番茄时间对比前期的番茄时间，看看是否有进步。

经验：

（1）合理设置一个工作日内的番茄时间，将重要的工作放在头脑最高效的时段，比如上午 8:30～11:00。

（2）不一定所有工作都要纳入番茄时间里，找到适合自己的工作节奏。

（3）番茄时间内没能完成任务，可以延伸到下一个番茄时间里继续，其他任务随之顺延。出现这种情况，需要加强任务划分能力，尽量做好任务完成时间的预估。

（4）番茄时间的数量与任务最终的成败之间没有联系。

（5）必须有一份适合自己作息的时间表。

● 番茄时间被打断的应对策略

任何执行都不轻松，总会遇到各种各样的障碍。番茄工作法最常遇到的障碍是被打断。一旦被打断，之前的安排就混乱了。而被打断又是不可避免的，如意外的电话或邮件、随时可能到访的客人、意外的情况、突发奇想，等等。

中断的原因大致分为两种（图5-4），一种是"外部打断"，很难预测也没有办法预防。比如，你正在工作，有同事在聊天软件上跟你聊了一会儿与工作无关的话，或是你正在创作时邻居突然到访；另一种是"内部打断"。很难控制但却并非不能预防。比如一走神，手就"自动"刷起了微博。不论哪种被打断，都只能老老实实地将中断的番茄时间作废，重新来过。

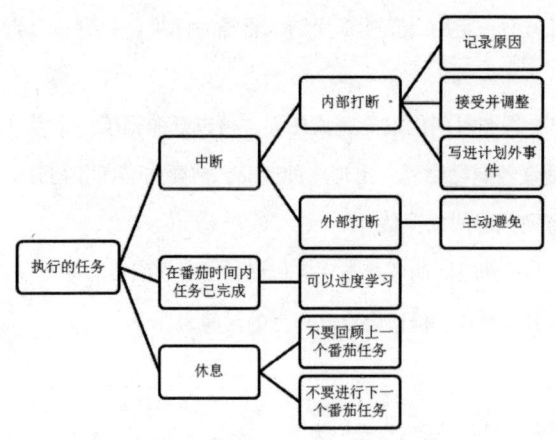

图 5-4 番茄时间被打断的图示

对于被打断,有如下的应对策略:

(1)必须立即去做的事,停止这个番茄时间,并宣告它作废,哪怕还剩两分钟就结束了。立即去完成这件事,之后再重新开始同一个番茄时间。

(2)不必立即去做的事,记录该项任务,比如叫"计划外事件"或者打断事件,并在后面做被中断的记录,然后继续完成当下的番茄时间。

(3)如果因为预估任务的难度失误,导致任务进行到一半无法继续,就把该项任务记录进另一份任务清单中,可以叫"日后待办清单"。然后中断这个番茄时间,转而进入下一个番茄时间。

(4)可提前在番茄时间内预留出一些处理打断的时间,比如在25+5的25里预留出5分钟,变成(20+5)+5。但如果预留的5分钟没有被打扰,这5分钟该如何处置?瑞典管理学家诺滕伯格·斯塔凡所著的《番茄工作法图解》中给出了答案——继续优化,即在一个番茄时间内只进行一项任务,如果有多余的时间,就对已完成的任务进行进一步优化。

（5）我们应该尽可能避免被打断。内部打断必须要克服，外部打断也应该运用一些技巧尽量减少被打断的比例。比如，在允许的范围内将邮箱的接收间隔延长；电话设定为静音；不启动聊天软件或设置状态为隐身、离线状态。

总之，我们要尽全力保证番茄工作法能顺利实施下去，保证自己的工作效率，避免浪费时间。

下面用一份图示将番茄工作法完整地呈现，有助于大家更好地理解（图5-5）。

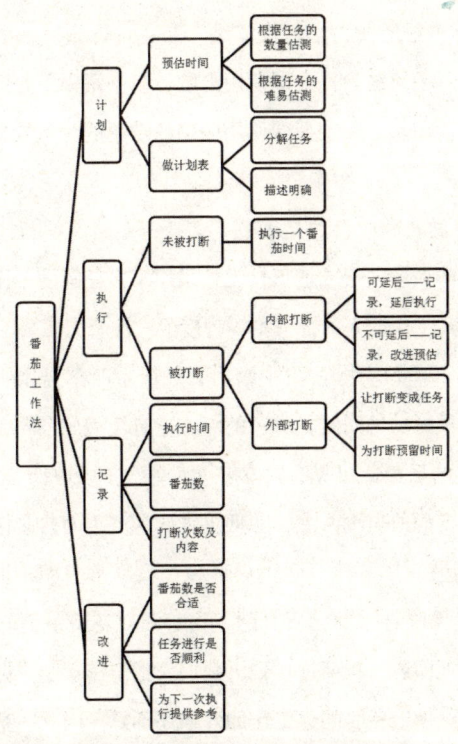

图5-5 "番茄工作法"的完整图示

控制"多任务"倾向

法国西布雷塔尼亚大学教授汉纳·布克达恩做过一个实验。他将学生分为两组，一组被允许上课使用电脑，另一组则不允许。课后，他对授课效果做了测验，发现上课使用电脑的学生的听课效果明显低于不使用电脑的学生。

布克达恩做实验的目的是了解"多任务"对人执行任务的影响。如今越来越多的人倾向于或者不自觉地采用了多任务的工作方式，但长期以多任务方式工作的人，都有不同程度的"注意力障碍"。

"多任务"者没有办法集中精力，任何东西都会让他们分神。在注意力受到严重影响的同时，思考的能力也有极大的削弱，他们的思维很难深入复杂的层面。可见，"多任务"模式的影响不仅是行为层面的，还会影响我们的生理系统，降低思维的深度，而且多任务间的切换也会越来越缓慢。

"时间是无法省略的，所有的工作都需要花费一笔时间。"美国权威的潜能大师博恩·崔西这样告诉我们。把事情摞起来做也不会节省时间，反而还更加浪费时间，工作的效果还不好。因此，真正会工作的人，是不会采用多任务模式的。

- "四象限"法则——先处理最关键的事情

"四象限"法则是时间管理的一个重要观念,是有重点地把主要的精力和时间集中放在处理重要但不紧急的工作上。

"四象限"法则是用四个象限表现的形式(图5-6)。所谓四象限,是指把要做的事情按照紧迫、不紧迫、重要、不重要的排列组合分成四个象限,这四个象限的划分有利于我们对时间进行深刻的认识及有效的管理。

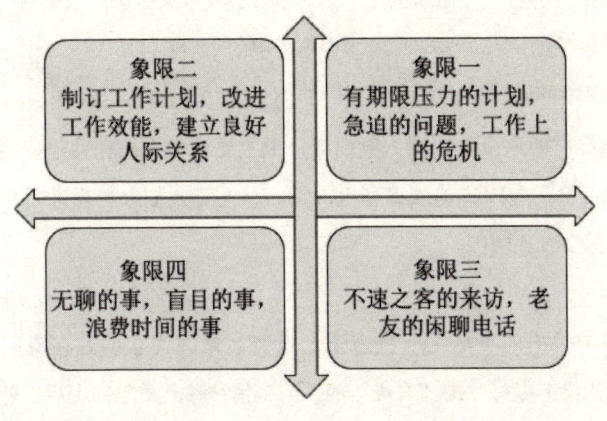

图5-6 "四象限法则"的具体运用

象限一中包含的是一些紧急又重要的事情,这一类的事情具有时间的紧迫性和影响的重要性,无法回避也不能拖延,必须首先处理,优先解决。

象限二的内容不同于象限一,这一象限的事情不具有时间上的紧迫性,但具有重大的影响,对于个人的存在和发展具有重大的意义。

象限三包含的事情具有迷惑性,这些事情在时间上很紧急但却并不重要。很多人误认为只要紧急的事情就必然重要,实际上却并非如此，像好友的电话、附和别人期望的事、被约打牌等事，虽然眼前紧急，却一点都不重要，甚至可以说没有意义。但这类事情往往因为它的"紧急"，占据了人们很多宝贵的时间。

象限四包含的事情几乎都是琐碎的杂事，没有紧迫性，也没有重要性，去做就纯属等于浪费生命。

每个象限都有需要我们思考的问题。

象限一的思考：真的有那么多重要且紧急的事情吗？

象限二的思考：如何避免更多的事情进入令人讨厌的象限一中？

象限三的思考：如何尽量减少本象限的事情？

象限四的思考：我们在工作时间内是否有必要进入这个象限中？

根据"四象限"法则，我们应该把主要的精力放在紧迫程度低但重要程度高的象限二的事务上。那么，究竟我们如何做才是正确的"四象限"工作法呢？

第一，顶住象限一。

象限一内的事情之所以急迫而重要，是因为它们处在象限二中时，因为没有做好才被"升级"的。当事情被移入象限一中后，就退无可退了，再困难也要攻克它。可见，应对象限一的事情，最重要的已经不是能力问题，而是人的意志品质。无论象限一中所列的事情有多难，都要坚决顶住，采取步步为营，稳扎稳打的方式获取成功。

第二，投资象限二。

象限一的事情重要且紧急，象限二的事情是重要但不紧急，这就给我们预留了充足的时间，让我们好好准备，从容实现。做好象限二的事情，对我们的回报最大。很多成功者都采取了投资象限二的做法，一边精心地处理问题，一边挖掘更大的潜能。一番尽心竭力之后，象限二的事情将成为日后发展的长期堡垒和后盾。

第三，走出象限三。

要学会识别象限三中的假象，一些看似重要，实则并不重要的事，要尽可能少地占用工作时间。比如，正在工作时，突然老友来访，事属紧急，必须立即应对。你要先确定此次老友来访的重要性，如果老友来说的是很重要的事情，那么这件事的重要程度也随之提升，你要给予最大的耐心。如果老友只是临时串门，就要掌握好接待的时长，既能让老友愉快离开，又尽可能少地流失时间。因此，每一次面对象限三的事情时，必须要设法尽快走出来。

第四，摒弃象限四。

象限四的事情既不紧急，又不重要，有志向而且勤奋的人断然不会去做这个象限里的事。当然，也不是一点儿都不能做，在工作之余，进行一些休闲娱乐，通常都是这个象限中的事情，比如打游戏、刷微博、与宠物玩耍等。但要注意时间限度，只能在休闲时间内做象限四里的事情。还要注意，不能将所有的休闲时间都拿来做象限四的事情。

● 正在做的这件事最重要

有些人做事，或许是性格急躁，或许是没耐心，这件事还没做完，就开始关心另一件事，甚至另外好几件事，然后就放弃了当下的事情，去忙活其他的事情。可是这件刚被"提拔"上来的"当下的事"，很快又失去了"魅力"，主人又开始关心其他的事情了。如此往复，总无法保质保量地完成一件事情。

人的精力有限，做这件就做不了那件，关心这个就得忽视那个。如果做事的时候总想去关心其他的事，那就告诉自己"正在做的这件事最重要，必须要做完这件事"。你要明白，做好当下这件事，对其他事情也是有帮助的，因为没有哪件事是孤立存在的，一件事做好了，就能连带别的事情跟着受益。因此，专注地做完、做好该做的每一件事，才能真正做到节约时间、提升效率。

- 设定一个时间区间，回归"单任务"

在一定的时间里，只做一件事情，比如半天、3小时、2小时、1小时，或者更短时间，30分钟、20分钟、15分钟。在这个时间段里，就做事先规定的事情。要求就是坚决严格要求自己，少一秒钟都不行。

如果，你已经因为长期多任务导致"注意力障碍"，连5分钟的集中注意力都做不到，那么就从5分钟开始锻炼。先设定一个5分钟的时间，然后规定自己只能做一件事。毕竟5分钟的时间还是很短的，一天可以进行很多次这样的训练，累积起来也是不小的成绩。每隔几天提升时间区间的长度，5分钟、10分钟、15分钟、30分钟，坚持一段时间效果将非常明显。

充满新鲜感的深度工作

场景：

《圣经新约》的翻译者詹姆斯·莫法特，在书房里放了三张桌子：第一张桌子上放着他正在翻译的《圣经》译稿；第二张桌子上放着一篇论文的原稿；第三张桌子上放着正在写的侦探小说。莫法特的休息方法就是从一张书桌换到另一张书桌，继续工作。

莫法特采用这种方式工作，是受到农业的"间作套种"原理的启示。在长期的种植过程中，人们发现，连续在同一块土地上种植同一种农作物，由于植物需要相同的养分，土地的肥力就变得越来越低，产量也就越来越低。如果套种其他的植物，这两种作物的产量都会提高。

莫法特认为在工作中也可以应用这种方法来提高效率。他的根据是：繁重的、紧张的工作未必能使人在精神上或体力上感到疲劳，往往是单调乏味的工作使人的心理产生厌烦情绪，进而感到难以支持。如果此时我们放下当下的工作，而去从事另一项新的工作，精神和心力马上就恢复了。莫法特告诉我们：为了防止在工作中出现身体疲劳、脑力疲劳或者感觉型疲劳，从而减慢工作进度，必须经常改变工作的方式，变换工作的地点，或者几种工作互相交叉同时进行，使我们的大脑总是处在新鲜信息的刺激下。

为此，莫法特创立了"连续分段时间管理法"，又称"莫法特休息法"。此种方法是先区别各种工作的性质和所需的时间，把工作时间分为"连续"和"分段"两种，之后再纳入"连续—分段—连续—分段"的组合公式中进行处理。如此便能人工创造出工作的新鲜感，形成持续性自律的工作状态。

连续分段时间管理法主要有以下六种类型的工作模式：

● 按左脑和右脑的工作模式来分配时间

全脑速读记忆研究表明，大脑的左半球负责语言表达、逻辑性和序列性等思维活动；大脑右半球负责非语言性、非逻辑性思维、知觉、直觉、感情等方面的整体活动。当我们连续性地工作时，很可能因为工作性质的问题，导致长时间运用半侧大脑。

如某人已经持续长时间地思考问题、制订计划、编写文章，他一直在运用左脑。当左脑的工作完成后，他又开始进行打电话、发传真、抄写、统计、记账等工作，又都是用右脑。一天的工作结束后，他疲惫不堪。

如果这个人懂得运用"连续分段时间管理法"，把一天必须完成的工作，按左脑和右脑的工作模式分成两类，交替进行，就可以使左右大脑轮流获得休息，还能在不断的交替中增加工作的新鲜感，既能缓解疲劳，又能增加工作的专注度，提高工作效率。

● 按抽象与具体形象来分配时间

可以按照所做事情的不同"材质"来分配时间，调节思维和注意力，缓和大脑的疲劳程度。所谓事情的"材质"是指事情的性质，有些是抽象性质的，有些则有具体的形象，两者形成对比。比如，我们研究哲学、历史、文艺理论、美学等问题，都是很抽象化的，当感到疲劳时，可以拿起小说、诗歌集、图片来阅读或欣赏半个小时。

• 体力与脑力互相交替分配时间

很多人认为体力劳动和脑力劳动是矛盾的，我是脑力工作者，怎么和体力劳动进行交换？体力劳动不一定是干体力活，还可以是各种运动。比如，我们可以把紧张的研究、学习与体育锻炼交互进行。当我们集中精力研究问题感到疲劳时，可以暂时放下工作，到户外散散心、跑跑步、健健身。经常进行些户外的有氧运动，不仅可以增强体质，还对提高工作效率大有好处。

• 按工作和休闲交替分配时间

无论工作、学习，必须有张有弛，才能更好地坚持下去。那种暴风雨式的工作方式，只能一时有用，不可能长久。在工作的间隙，可以看电影、听音乐、远眺、想想向往的好事，还可以利用一段较长的时间，出门郊游旅行，对松弛神经、消除疲劳都有好处。在愉快的休闲中，不仅消除了疲惫，还有可能获得工作上的某些启示，唤醒灵感的爆发，甚至产生惊人的创造力。

• 按研究问题的不同角度分配时间

指不更换研究对象，只改变研究的角度，从不同侧面分析问题，同样会引起大脑新的兴奋点，达到提高工作效率的目的。比如，我们阅读枯燥的长篇巨著，往往会读不下去，不是著作不精彩，而是大脑产生了疲劳。有个好方法可以帮我们，即跳跃式阅读，采用"猛虎掏心"的方式先从中间最有趣的地方读起，读着读着就会发现大脑已经兴奋起来，在兴奋中还会惦记前面的情景，想要弄清楚到底都发生了什么，这种好奇心让我们再回去接着前面搁置的地方阅读，也能产生兴奋的感觉，此时疲劳感早已一扫而光。

新鲜的知识、信息能引起我们浓厚的兴趣。只要我们善于变化，同一种工作，每次着手点不同、出发的角度不同，都会引起新鲜的感觉，提起我们的兴趣。

● 按动静交替分配时间

在工作中，我们常有这种体验：长时间采用一个姿势，很容易感到疲劳。这时最快速的缓解方法是改变工作的姿态或者变化工作的地点。比如，我在研读一部哲学理论书籍，在房间里坐读一小时后，可在房间里站着边走边读，然后又靠在沙发上读一会儿，或者走到庭院里在花坛前读，继而再回到书桌坐下接着读。如此不停地变换动作或场景，就不至于感到枯燥乏味了，并且还能对读过的内容加深印象。

总之，连续分段时间管理法的关键就是：每隔一段时间，改变工作或学习的环境、方式或内容，让不同的新鲜信息刺激大脑，使大脑的兴奋中心不停地转移，从而避免某一区域长时间兴奋而过于疲劳，以达到形成长期自律的目的。

第六章

意志力"肌肉",经常锻炼就会强壮

自律是由什么开启的?如果你认为是意志力,这是不够准确的答案。人性中原始的意志力不足,很容易消耗殆尽。如同肌肉,总有极限,如果不进行训练,永远不会强壮。意志力的"肌肉"也需要不断训练,时间久了,意志力退出,自律则成为单独运转的系统。

意志力的极限和肌肉力的枯竭

"世界超级大力士"比赛,当看到有些超级大力士在一项一项比赛的消耗下,到最后拼尽全力依然难以成功时,会让我们明白,即使再强壮的人,如果得不到充分的休息,肌肉的力量也会枯竭。如果让他们得到充分的休息呢?恐怕他们每天都会成功完成这些不可思议的比赛项目。但比赛不可能给他们充分休息的时间,只有最懂得分配体能的选手才能获得胜利。

意志力就像肌肉一样,也有极限,它被使用之后会渐渐疲惫。很多你认为不需要意志力的事情,其实都要依靠这种有限的能量来完成,如果你不让意志力得到休息和补充,你就会完全失去力量。

为什么意志力会疲惫?

人的大脑具有能量危机反应,这是不受人意识控制的。当大脑感觉疲惫时,会更加偏向考虑短期的感受,去冲动行事。因为大脑的首要任务是保证能量的储备,保证思考行为的存在,而不是保证思维作出正确的决定。自律是一种高效能的行为,也是让大脑感觉疲惫的主要源头,因此,在大脑开启能量危机意识,决定保存实力时,会将"自律"这样的高耗能行为列为优先削减对象。在能量有限的前提下,大脑会选择短期投资，即做收益小、冒险小但对自己目前最有利的决策。

我们必须要避免意志力到达极限。那么应该如何做呢？锻炼身体可能让你的身体肌肉疲惫，但经过一段时间的锻炼，它会变得更强健。意志力和肌肉一样，既有极限，也可以通过训练来增强它。

- 找到自己一天中意志力最强的阶段

我有这样的感觉，早晨的意志力最强，想要干什么立即就能行动，精神状态也最好，很少有坚持不住的时候。但随着时间的推移，意志力逐渐在减弱。或许你也和我一样，上午效率很高，下午就成了"分神专家"。到了晚上情况更加糟糕，比如下班之后去健身、亟待处理的重大项目等，你可能会发现自己似乎毫无意志力。往往在这个时候，就很可能会彻底消耗掉意志力仅存的能量，导致自律的失败。这种失败并不是说你的品德有问题，这是意志力的天性。

因此，意志力"肌肉"告诉我们，自律的能力从早上到晚上会逐渐递减。我们要观察自己在一天当中什么时候意志力最强，什么时候意志力最薄弱。你是不是起床的时候意志力十足，但这种意志力慢慢会消耗殆尽？或者，你有没有在其他时候觉得自己恢复了意志力，比如夜晚降临时觉得神清气爽？我们要通过了解自己意志力的具体状况，以便更明智地规划工作，在意志力最强的时候把最重要的事情做完，在意志力即将耗尽时让自己得到休息。

- 三步意志力"肌肉"锻炼模式

如果你想有一套属于自己的意志力训练方法，下面三个意志力"肌肉"锻炼模式绝对值得拥有。

（1）增强"我不要"的力量

训练意志力"肌肉"的目的是为了培养自己得到更好的状态，那么首先要剔除已经存在的不好的状态。给你的"我不要"一个量化的结果，如改掉后，是否更轻松？能获得更多的时间？有更多空间进步？

明确未来的方向是实现"我不要"的最主要因素，即你的"我不要"是向目标前进的干扰因子，必须要克服掉的。比如，我曾为自己制定了一个"我不要"的表格，还为其中每一条写明了改正的方法（表6–1）。

表6–1 增强"我不要"的力量

"我不要"	增强改正力量的方法
工作时不要分神	不断告诉自己"再坚持5分钟"
需要上网时不要浏览不用网址	规定每次找资料的时间
不要经常网络聊天	卸载聊天软件工具，甚至断开网络
经常被手机干扰	将手机静音或者放在远处
遇到困难不要躲避	不做除这项工作外的任何事，逼迫自己投入解决
不要找借口放弃	明白：放弃就是绝对的错误，任何借口都无效
不要经常想要做无用的爱好	制定出做爱好的固定时间
……	……

这些条目都因为意志力不足而阻碍我的发展，为了训练意志力，更为了自己的发展，我要做的是找到正确的方法，以最坚定的决心将这些我不该有的行为全部清理掉。这个过程并不容易，但这个过程是必要的。当你完成了这个过程，你会发现原来自己距离优秀并不遥远，原来自己也可以拥有自律的力量。

(2)增强"我想要"的力量

切切实实地每天做一些事。这些事情不是当下已经在做的事,而是为了训练意志力新增的、对自己有意义的事,目的是用来养成习惯或不再找借口。给你的"我想要"一个量化的结果,如实现后,是否更幸福?更自由?更多人获益?以后会更进步?

下面以我的经历为例,以表格形式展现如何增强"我想要"的力量(表6-2)。

表6-2 增强"我想要"的力量

"我想要"	未来可获得的成就感和进步
每天早晨6:00起床	清晨的意志力最强大,必须要利用上
每天上午连续性完成3000字	获得工作成就感,未来发展的基础
每天下午完成3000字,中途可调整半小时	同上
每天晚上22:30就寝	按时睡眠,获得充足休息,调养心血
每天两次共计10分钟的平板支撑	锻炼身体,休息大脑
每天两次共计40次的哑铃平举	锻炼上肢力量
每天清晨与睡前阅读两次,共计1小时	学习知识,完善个人情操
每天积累对工作有用的知识,包括灵感	积累工作所需,能力不断提升
……	……

明确动力是强化"我想要"力量的核心,即你的"我想要"是你不断前进的目标和动力,会使你拥有强大到细胞的力量,并且在逐步实施的过程中,一方面可以获得成就感,另一方面可以看到自己的进步。

而且这也是在自己脆弱的时刻，使自己意志力强化的重要能量。当你发现了自己"我想要"的力量，发现了在你脆弱时能给你力量的东西之后，只要你觉得自己就要在诱惑前放弃时，就想想这个动力。

（3）增强自我监控能力

如何监控"我想要"执行的情况？记录无疑是最好的方法，你不需要太先进的工具，铅笔和纸就够了。认真记录"我想要"列表中的每一件事的执行情况，用以提醒自己在哪方面有了动摇的迹象，从而尽早发现不良状况的端倪，尽早提醒自己改正。

比如，你的目标是存钱，就记录经济支出情况；你的目标是锻炼，就记录每天早上做10个仰卧起坐或5分钟平板支撑的情况；你的目标是减肥，就记录每天晚饭的量都应该是5分饱，并且不能再吃任何东西。

即便你记录的结果不会直接服务于你的目标，但意志力"肌肉"模式会很诚实地告诉你真实的状况。即使是以看似最愚蠢、最简单的方式每天锻炼意志力，也能为你的意志力挑战积攒能量。

● 意志力饮食方案

意志力的饮食方案，有两方面的作用：第一，通过控制饮食的行为直接锻炼意志力；第二，通过调整饮食的结构间接保障意志力。

先说第一点，处在压力环境中的人很容易选择经过复杂加工、高脂肪、高糖分的"安慰"食物，但这样做终将摧毁意志力，因为我们是在随着心意而吃，而不是根据情况吃。控制饮食也需要意志力，哪怕你只做了一点点改善，比如每个工作日都吃一顿丰盛健康的早餐，而不是什么都不吃；吃零食时选择坚果，而不是选择糖果，你获得的意志力就会比你消耗的多。

再说第二点，保持充足的食物供给可以帮助人们实现意志力的恢复，你需要的是调整饮食结构，多吃低血糖的天然食物，每天坚持吃早餐，保证充足而有效的意志力能量。比如，每天吃早餐作为一种必需的意志力训练。人体所需的蛋白、碳水化合物还有维他命从每一天的早餐中摄取。再忙也会有吃早餐的时间，因忙而不吃的人一定是在找借口。坚持吃早餐的健康行为，会让你发现日常生活一下子变得自律而规范。胃和大脑的双重补给，会给自己满满的满足感。

延迟满足感增加意志的韧性

当你想要调整习惯,做出大的、积极的改变时,是什么在阻止你?是什么把你前进的计划打乱?是什么让你的动力下降?是什么使你还没开始就退出了?

答案之一是对即时满足感的需求。至少我曾经是这样。

即时满足感的产生源于婴儿时期,一旦产生身体上的欲望和需求,往往可以立即从父母那里得到满足。于是,我们在懵懂中形成了潜意识:我们的需求应该立刻得到满足。但现实的世界不能总是让我们的需求立即得到满足,我们经常需要等待,并且付出持久的努力才能得到我们想要的东西。这种等待就是延迟满足,不过它是被动的。如果将被动化为主动,我们的意志力无疑会得到长足的提升。

美国伊利诺伊州立大学的心理学教授劳拉·贝克,把延迟满足定义为"等待一个更适宜的时间和地点来从事一个诱人的行为或者获得一个欲望中的物体"。

延迟满足是一种能力,是人对获得自己想要的东西时能够主动等待的能力。延迟满足的效果主要取决于欲望强度和控制欲望的能力(图6–1)。

可以把延迟满足看作是一种"忍耐",是为了追求更大的目标、获得更大的成功和享受,先克制自己的欲望,放弃眼前的诱惑。这种"忍耐"与排队等待之类的"忍耐"有所区别。针对"诱惑"而言,它是一种放长线钓大鱼的自我克制与自我把握。当然,这是以明确的目标为基础的。

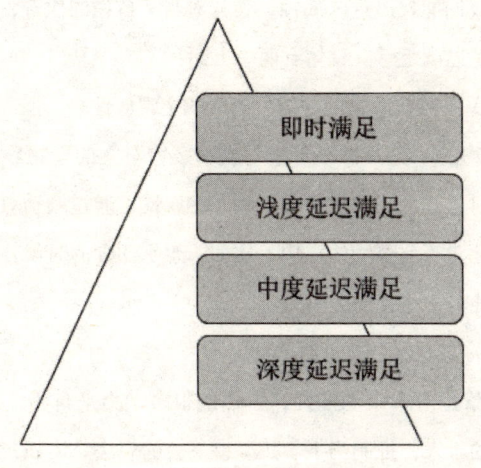

图 6-1　延迟满足的效果图示

由图6-1可见,延迟满足感的程度越深,得到的成功和享受感越多越厚重。但有三点需要注意:第一,延迟满足感不能过度,不是越延迟越好;第二,延迟满足感不能滥用,不是每一件事都能实施;第三,延迟满足感应自己施加,自己掌控延迟的过程,因为被动感会激活愤怒情绪系统,干扰自控能力。

要想追求长远的快乐,就不得不忍耐一定的不适和痛苦,这是不容易做到的,因为它违反了人的天性。但是,巨大的、真正的成功,往往属于那些眼光长远、不懈努力、善于忍耐的人。

经过长时间的摸索,我学习到一些方法可以帮助我延迟满足感,因此我能实现更多的长期目标。

● 关注事物的其他属性,以减少对当下事物的执着

每个事物都有很多面的属性,与之相关联的其他事物也各自具有属性,如果我们能找出这些属性,转移对当下事物的执着,有助于我们更好地实施延迟满足感。具体有两个方面:

第一,关注当前事物的"竞争物"的主观属性。

当前事物的"竞争物"是指与当前事物对立的事物。在需要延迟当前满足的时候,可以关注"竞争物"的属性,通过调动对竞争物满足的渴望来弱化对当前事物的渴望。比如,想吃甜食的时候,就想想烤肉的味道,以此弱化甜食的吸引力。

第二,关注理想愿景的主观属性。

理想愿景是对未来的期许,我们的很多动力来自于此,因此,可以畅想美好的未来,抵制当下不想坚持下去的想法。比如,不想锻炼身体的时候,就想想大腹便便的样子,以此激发自己锻炼的动力。

● 对延迟满足感的行为作出奖励

奖励永远是一种好用的方法,对延迟满足也同样适用。当我们投入行动中,注意力从原本的坚持转移到可能得到的奖励,会有效延迟满足。奖励的实施人是自己,给自己设定若干个小目标,达到后给予相应的奖励。曾经,我需要连续两周每天写12000字,总想着怎么才能写完,结果通常不好。现在则想,完成后就奖励自己一支高档的台球球杆,这足够有动力,每天可不止写12000字。

有两点必须注意：

第一，奖励要有意义。虽然是自己奖励自己，也要有意义，没有意义的奖励是没有效力的。减肥成功就奖励自己去南美旅游，显然动力十足。如果只是奖励自己健康耐看的身材，恐怕难以坚持了。

第二，奖励的诺言要在行动之前。行动前可以用奖励作为激励，一旦投入行动就不要奖励了。工作开始前，我告诉自己，完成就奖励球杆。如果这种奖励发生在实在坚持不下去的执行途中，我们的大脑会怀疑奖励的可靠度，认为奖励是针对现实困境的一种哄骗的伎俩，这样就产生了负面效果。

以一种训练为重点，以一种行为为核心

任何训练都要以一种模式为基础，再围绕一种核心行为展开。这样做可以帮助我们以最小的代价，获得最大的收获。我们的身体不是机器，不能一直消耗，如果同时进行的训练过多，消耗会很大。而意志力也是有限的，贪心会让我们很快耗光自身的"意志力"。如此，自律将无从谈起。

锻炼肌肉力量，如果不是胖子，之前要有增肥的步骤。增肥时高脂肪、高蛋白大量摄入，而且是最大限度地摄入。白水煮大块肉，不放任何调味品，而且只吃这类食物，一天还要吃好几顿。看着都没食欲的东西要坚持吃几个月，是需要意志力的。很多人在这个阶段就开始锻炼肌肉了，这就需要更强的意志力作保障，但意志力会这么给力吗？我们看到各种失败，不仅没能减肥，反而增肥很多，也没有继续减肥的力量了，因为他们的意志力被耗尽了。在增肥的阶段，增肥就是核心的训练和行为，一切都必须让位，在这个时候加入了另一项训练（即减肥），还是完全相反，意志力会以几何速度迅速消耗。

由此可见，一个时期只进行一种训练或一种行为是多么有必要。自律没有捷径，更没有坦途，只有一步一步踏过前方的荆棘，才能真正获得。

- 把结果暂时搁置一边,学着享受过程

一个好友,2015年减重34斤,过程的辛苦不言自明。她利用微博帮自己坚持下去,每日更新,日复一日、周复一周、月复一月,这个过程中,她早已忽略了最终目标,只是完成每天减肥必须的任务。

她说第一次萌发"忘记结果"的感悟是受古代梵语印度教经文《薄伽梵歌》的启发,那上面说:"你只需行动,不需管那结果为何物;莫让行动的结果作为你的动力,也不可在你内心存有任何无为的念头。"

这句话给我们的启示是:我们必须去做自己想做的事情,我们无法掌控行动的结局,也无法控制别人对我们的言行举止做出如何反应。

一般来说,我做自己认为对的事,并把这当成我的责任。至于其他的(比如结果),这些都不是我能决定和掌控的。因此,转变你的思维,在执行的时候,不把过程投射到未来的结局中。

我将这个观点运用在两个领域:

第一,执行过程中。集中精力于你正在做的事情和你的表现,即便一周后没有减掉×斤,你也不会泄气。当你不再想要减多少斤作为目标时,你会变得更有耐心、情绪也更稳定。这真的很有效,帮我们进入一个更好的状态,找到执行过程中的乐趣。

第二,社会交往中。如果你不太在乎结果,那么在一场舞会中,遇到有人喜欢你,你不会那么兴奋;没人喜欢你,你也不会感觉尴尬。你不会想方设法去给别人留下好印象,而是表现得更加真实、很放松舒适的样子,不介意结果如何。

- 附加额外的"手段",让训练继续下去

有句话这样说:让上帝发笑很简单,把自己的计划告诉他。

对于不自律的人，上帝想帮忙都感到束手无策。英国作家阿兰·德波顿称自己为"走神专家"，他说只要坐在电脑前，很容易就忘了自己要做什么，因为总会有比手头的工作更刺激、更有趣的事情冒出来，无论制订了什么计划，想训练自己什么行为，全都作废了。

对于这种极度缺乏自律的顽固分子，想仅仅凭借一纸计划就搞定是没有可能的，必须要附加一些额外的"手段"才行。

著名生活类博客"禅习气"的博主里欧·巴保塔给我们的建议是：进行一种训练，坚持一种行为。巴保塔早先是Gigaom的写手，10多年来一无所成，当他意识到是自己不够自律导致了不堪生活的状态后，以给自己"治病"为目的创立个人博客。巴保塔将博客看作是训练自己自律的核心，其他衍生的自律行为也都围绕博客展开。

我从"禅习气"内搜索到巴保塔训练自律的一些方法，比如：利用浏览器上的网页屏蔽功能和监控插件（他普遍用Firefox的Leechblock和Chrome上的StayFocusd）监控与工作不相关的网页的使用情况；尝试每天设置一小段"无网时间"，开始是半小时，逐渐递增，然后增加为每周设置"无网日"，他的经验是一周三四天不上网，对生活不会有任何影响；关掉邮件提醒，每天或每周只在固定的时间查看邮件；各样聊天软件都设置为"隐身"状态，工作的时候绝不闲聊；休息时间关掉聊天软件，有事情打电话或者当面讲，还能增加人与人之间交流的真实感；多运动，多参加聚会，感受人与人之间的温度……

巴保塔坚持不懈地努力和咬紧牙关的坚持，终于在两年内时间实现了自律，"禅习气"也逐渐人气爆棚，被时代杂志评为全美百大博客之一。

停滞是意志力训练的最大克星

自律的最大敌人是放弃,很多人不想接受自己已经放弃了的事实,就用了另一个词来代替——暂停。但是很遗憾,自律没有暂停,停下了就是永远停下了、停滞了、放弃了。

自律的计划可以制订得很完美,也可以执行一段时间。突然,意志力开始闹脾气了,没有状态、烦躁郁闷、诱惑当道,失去了原来的斗志,于是,在不断自我内心的抗争、妥协与自责中逼着自己重新回到自律的轨道。在反反复复、跌跌撞撞中,意志力消磨得差不多了,那就这样吧,高喊自律口号前的生活又重新开始了。

让你一天记20个单词并不难,但若是每天自主去完成这个任务、坚持一年就不那么容易了。过程中会有很多"暂停"的机会,比如,今天生病了、出去玩了一天累了、今天工作任务多、最近参加比赛很辛苦、这几天朋友来访、正值出差期间……任何一项都可能会间断你的坚持,而一旦坚持链断了,再想补回来就难了。

坚持的过程中谁都会遇到各种各样可以停下来的理由,此时可以用"明天再补""少一天两天也没关系"这类的理由来安慰自己。但是成就感就在停下来时彻底丧失了,因此,"暂停"永远不应出现在意志力训练的过程中。

- 坚持完成自己的决定

决定从明天开始,早上6:00起床,每天工作10个小时,坚持两周完成这项工作;

要在半年内,利用业余时间将这本字典上的德语单词全部背下来;

一周后是女儿的生日,要亲手做出这个模型送给她;

……

这种为了完成某个或系列目标而下的决心,是生活中的常态。我们要关注的是,这些决定是否都被完成了。根据多年积累的数据,能将目标全部实现的人占比仅为2.7%。是不是太少了?能实现其中一部分或一个目标的人也不多,只占到5.6%。两者加一起不到9%,余下的大部分人都是一个目标也没能实现的人。

为目标下了决心,说明执行者有进取心;没能完成,说明执行者没有意志力。没有意志力,自律根本就是天方夜谭。一边想进取,一边没毅力,内心渴望进步,身体沉迷享乐,总是身体击败内心,自律永远是可望而不可及的。这是非常痛苦的,唯一能解除这种痛苦的方法就是坚持完成自己的决心。就从当下的决心开始,通过对意志力的训练,慢慢将内心与身体统一起来。

为了能够更好地执行决心,下面提供三个方法以供参考,或者说是三个步骤。

第一,只关注第二天做什么。无论目标难度多大,也不管终点多远,我们只管明天需要做什么就可以了。

第二,遇到困难多做一会儿。不少人在遇到困难时,会感觉烦乱，最想离开这种现状，于是走神、逃避成了常见现象。可难题不会因为一时的逃避就不存在了，该面对的终究都要面对。所以，何不在困难来临时逼迫自己多坚持一会儿，根据我的经验，只要集中注意力，很快就能找到方法。

第三，不要额外增加任务量。在完成工作的过程中，需要做什么就做什么，除非临时需要，否则不要去人为地为自己的工作增加难度，那样只会消耗意志力，起不到任何好的作用。

- "暴力"一点：一切为自律养成让步

加拿大科技作家麦琪·杰克逊写了本名为《分神：注意力的涣散和黑暗时代的来临》的书，读起来令人悲观又绝望。她认为人类很可能因为科技的不断发达而沦为半人半机器，因为我们被各种信息吸引，永远处于失控的不自律状态。

我们不能让自己成为机器的同类，无论采取任何措施，都要将意志力留在大脑里，哪怕采取对自己"暴力"一点儿的方法，毕竟一切都要为自律的状态让路。

维克多·雨果就挺"暴力"的，为了让自己能乖乖写稿，他干脆脱得一丝不挂，让仆人把衣服锁起来，门也上上锁，必须等时间到了，仆人才能来开门。

我也以雨果为榜样，当然我不是脱光，而是采取其他"暴力"的方法——剪断网线。有一次为了赶一篇我已经拖了很久的稿子，一气之下将网线剪断了，然后心无挂碍地写了一天一夜，就交工了。

我盯着写完的稿子，心理挺不是滋味的，我不是没有工作能力，也不是忙到不可开交，就是缺少意志力，没有理由地拖延，拖到自己恨自己，拖到不得不用"暴力手段"。虽然断网的方法非常规了一些，但效果显著，曾经必须随时上网找资料的借口也随着网线被剪断而见鬼去了！

　　当今，绝大多数人难以自律的关键因素就是网络，既然罪魁难以抵挡，那就采取一些特殊的办法，像我这样剪断网线或者不交网费。其实一样能活着，也没耽误工作。在断网后，第二天咬牙坚持不报修也不自己修。煎熬从起初的难以自持，到后来的没什么感觉，短短十几天我治愈了自己的"网络综合症"，大脑中已经没有上网的概念了，也适应了没有网的生活。如此"顽疾"，竟然在自己的一次"暴力"冲动之下意外治愈了。

从高刺激状态快速过渡到无刺激状态

场景1:

A去参加朋友的"婚前单身聚会",玩得很高兴,当天很晚才回家,但还有每天必须要背的30个单词等着她,而她还沉浸在兴奋的状态中,想暂停一天……

场景2:

B刚刚和同事发生了激烈的争吵,他输了,对方让他将之前算过的数据推翻,重新再算,他不服气,坐在座位上生气……

场景3:

C独自在家照顾孩子,原本是放假的日子,但因为她工作的失误,导致必须要在家加班,但孩子的吵闹让她无法安心工作……

这几个场景看似没有关联,其实却有着内在的共同性,即都要求主人公从高刺激状态快速过渡到无刺激的工作的状态。

所谓高刺激状态,是指自律计划之外的高动能的行为,这种行为让人在短时期内情绪亢奋,这种情绪与工作所需要的低刺激甚至无刺激状态是截然相反的。很多人会说,工作不是需要饱满的热情和精神吗?怎么说是无刺激状态呢?工作需要热情,但不需要刺激,工作要在绝对投入的情况下才能做好，绝对投入的环境要求的就是无刺激状态。

当你正处在高刺激状态的时期，却要你必须马上投入自律的任务中去，这无疑是困难的，从一种状态立即转换到另一种状态，需要很强的意志力才能做到。下面提供两种方法，帮助大家渡过状态转换期。

• 暂停一下，防止内心的冲动把你带到错误的道路上

高刺激状态对人来说往往容易引发冲动。比如上述三个场景中的A、B、C，都很可能被带离正确轨道。A可以继续在家里嗨歌、蹦跳，一直到累了直接睡觉；B干脆气满一上午，也就不用工作了；C被孩子闹到头大，最终决定不工作了，随便吧！

他们都没有做出对的选择，将自律抛在了脑后，因为他们任由高刺激的状态带动了自己。此时，最好的方法是暂停一会儿，什么都不做，让大脑冷静下来，你会发现原本的冲动在什么都不做的情况下几分钟后就消散了。然后再去想如何把事情做好以及付诸行动，比如场景1中的A应该想想自己自律的计划是什么。

当然，高刺激状态有时候是顽固的，比如已经开始执行正确的事了，偏偏大脑分神又想起了高刺激的状态，于是心血再次上涌，那股子冲动又回来了。此时最好的方法是不要勉强自己，而是再次冷静下来，想想这次反复是怎么造成的，找到解决的办法。如果是分神，那就在工作中注意投入的程度，做到不再分神。

• 立即做正事

经历了高刺激状态后，不能马上投入自律的计划中，或者继续沉浸在高刺激状态中，或者做一些与计划无关的事。在无关的事情上迁延的时间越长，就越难以投入自律的计划中。所以，心理学家们告诫我

们,越处在困难时,越要快速地转变状态,能有多快就多快。最好是立即就开始。

这种转变是突发的。上一秒没有工作,人是负数的状态;下一秒开始工作,人就是正数的状态。所以,抛开一切阻碍自律计划完成的借口,在相应的计划时间立即投入进去。具体的做法如下:

首先,不要管对错,先做一做。从高刺激状态过渡到低刺激状态时,不采用点儿强制行为是不可能做到的。比如场景1和场景2,现在要求A和B立即开始做正事,不能集中精力是一定的,但动作要做出来,该背单词就背,该工作就工作,暂时不要管对错,我们要的是自律的状态。渐渐地,人的思维就会从高刺激的事情转移到当下的正事上来,这是潜移默化的过程,心绪也就渐渐平静下来了。

其次,过程中不要添加任何干扰因素。有些人在高刺激状态后,也能很快地开始做正事,但因为心绪不宁,总会额外配一些让自己能持续兴奋的东西,最常见的是听音乐,一边听歌一边工作,看似惬意,却非常不适合当下的状态。此时,我们最需要的是平静的状态,平静才能让我们最快速地融入自律中。

拖着不做,人会持续在亢奋、散漫、颓废的糟糕状态中,而一旦开始做正事,就会变得镇静、积极,富有创造力和感染力。

坏状态，马上止损

锻炼意志力的过程中，状态难免有所起伏。突然有一天生病了、被不好的事情缠住了，或者无缘由地心情糟糕，一切都处在谷底，啥都不想干，怎么办？这是坏状态来了，必须采取办法应对，因为意志力正在被坏状态侵蚀，越早采取应对措施，损失才会越小。

首先要思考我们到底是没了力量，还是没了意志？意志力是一种坚持的信念，而力量是将这种信念付诸实现的具体行为。当坏状态来临时，我们总感觉很烦躁、很疲惫，于是，意志首先动摇了，它不想再坚持了，传递给行为的信号也是即将放弃。因此，在坏状态到来时，首先缴械的是意志，原本还能坚持的力量因为意志的崩溃而瞬间消失。

其次思考我们的疲惫感是真的吗？当我们感觉疲惫时，放弃的念头随之产生，"先休息一会儿""叫外卖吧，这顿不做了""就痛快吃这一顿而已"……诸如此类的借口让我们的大脑感到愉悦，于是，坏状态成了坏现象，切切实实地发生了。在锻炼意志力的过程中，疲惫是不可避免的，如果一感到疲惫就找借口放弃，自律将永远无法实现。

在坏状态来临时，应采取怎样的方法进行遏制呢？

- 利用"5分钟法则"控制你的行为

事实上,如果你认定你可以保持专注,那么你就可以。毕竟任何情况最终的掌控者还是个人本身。不想掌控住,自然任其发展,可如果想掌控住,还是有办法做到的。比如,可以试试"5分钟法则",当你正在被坏状态侵蚀快要放弃时,你告诉自己:"我还可以再坚持5分钟。"完成这5分钟之后,你再告诉自己"再来5分钟"。一轮接一轮的5分钟坚持下来,坏状态慢慢地就自行消退了,你的大目标也在每一个坚持的5分钟中逐渐完成。

我知道坚持5分钟是什么感觉,因为我也曾一个一个5分钟地煎熬过。因此,我总结了一个小窍门:对于本可以不需要手参与的事情,让手参与进来。比如,看书的时候,同时手上做笔记,这样更容易坚持。

实施"5分钟法则"要注意一点,不能训练过度,时间有无尽的5分钟,但人的意志力不会是无尽的。如果你感到能量枯竭,就需要考虑一下自己是不是真的精疲力尽了。如果已然没了能量,就要给自己一个缓冲的空间,并且给缓冲期或调整期设置一个止损线,比如两个小时、半天、一天,最好不要超过一天。据我亲身体验,一旦计划间隔超过一天,自律的小船说翻就翻。

- 要给自己增加任务

场景:

曾经我坚持每日写完6000字的工作量,但是突然胃病发作,胃痉挛让我无法生活,更别提工作了。经过三天的治疗,最疼痛的时期过去了,虽然还有隐痛,但不耽误工作了。看着自己落下的工作量,怎样选择决定了我的自律训练是否能取得成功。

坏状态分主观或客观，这种被动的意外，就是客观的坏状态。

制定了具体的计划，如某天有意外发生没能按时完成，该怎么办？这种状况是导致自律失败的常见原因，原本顽强的坚持被现实无情打断了，而且不是因为自己的原因，是客观不可控的因素造成的。这时心里会产生一种莫名的窃喜，"今天可以不用做了""这几天落下了工作量，但不怪自己"。如果，任由这种心理持续，虽然当时可以继续完成工作，但会为日后的怠惰埋下隐患。当什么时候突发某些事情，打乱了计划，哪怕只是耽误很少的时间，但因为之前对自己的宽容，这次也会找借口让自己放松一天。

不管什么情况下的放任，都是自律的大敌，一次放任就会有接连不断的放任，自律的计划终将破产。

解决的方法是：给自己增加任务。比如，突然到访的客人导致写作时间不够，没能完成一天6000字的任务计划，那就对自己说："我要写够6000字再去吃饭。"这是很有必要的强迫，今天的任务一定要在今天的时间内完成，这也是制订自律计划的根本初衷。

当然，像我生病的情况会更加麻烦，连续三天无法工作，这三天的工作量必须要在原定的工作时间内弥补回来。但这不是一天两天时间能补完的，需要为此制订一个短期的"工作加量计划"（表6-3），即要在原计划内额外增加出一部分计划内容，核心是减少每天的非工作时间，但尽量不影响其他的好习惯。宗旨是在自身疲惫和损失最小的情况下，在尽可能短的时间内将工作量补足。

表6-3 短期工作加量计划

需补工作量为18000字,每天补3000字,共计需6天
早晨早起一小时,5:00起床(多写1000字)
中午改为订餐,节省半小时(多写500字)
晚餐改为订餐,节省一个半小时(多写1500字)
晚上不看电视,节省一小时(检查当天补写的稿件)
注:此短期计划,主要影响就餐习惯,但未影响身体健康和社交应酬,可以接受。

时间久了,并不存在"坚持"的说法

我们需要不断提高意志力的极限,使意志力的域值变大,这样我们就有足够大的空间能够做出更难的选择和更大的挑战。一步一步完成自己的目标,这个坚持的过程会形成一种行为链或者节奏感,你会发现后续坚持下去需要意志力的程度比之前低,于是你能坚持得更久,再往后,就不需要刻意的坚持,而是很自律地去做了。

因此,当坚持的时间久了,就不存在"坚持"的说法了,一切成为了固定的习惯。很多人以为这种坚持需要配合大事进行训练,其实,大事和小事对意志力的训练都是相同的效果,在没有形成自律的时期,再小的事也无法坚持完成,对某件小事进行训练一样能促进意志力的提升。

当你坚持一段时间后,你的潜意识里就自然而然不希望打破这个行为链、节奏感。换句话说,你的习惯慢慢养成了,韧劲越来越强了,那些小事会慢慢形成你新的时间锚点,有了这些时间锚点,你才能在不同的环境里慢慢养成生活中的新节奏感。有了时间节奏感的人,才能逐渐掌控自己的时间,掌控坚持的习惯。

● 惯性的力量

有两块很重的铁,需要在很粗糙的水泥地面上前进。毫无疑问,摩擦力很大,前进将非常困难。现在,有一个超级大力士在铁块的后面用尽全力推,让它移动了很长距离,人们惊呼,这个人真厉害。

我们想像一下,如果铁块的表面非常光滑,水泥地的表面也非常光滑,摩擦系数就很低,要推动这个铁块移动很远的距离就没有那么难了。如果到了两者都绝对光滑的地步,只需轻轻一推,就能让铁块前进无限远的距离。

旁观者会觉得,这么重的铁块被被你推了这么远,你好厉害啊!你微微一笑,回答说:"这叫惯性的力量。"

没错,惯性是一种强大的力量。而我们为自身所打造的习惯,一旦形成,就会产生强大的力量,能够减小你做事情的心理和生理阻力。

一个长久不运动的人几年以来第一次跑了3000米,肺部与心脏陷入剧烈的痛苦中,腿部肌肉酸麻,后背也变得僵硬。他或许在跑了500米时已经想要放弃了,能够坚持跑完3000米,是靠着一股狠劲撑下来的。这股狠劲是心理层面的,他的身体经受的痛苦越大,他的心理对狠劲的需求就越高。

但是情况会逐渐改变。连续一周的3000米跑步后,他的痛苦会逐渐降低,身体也逐渐适应。假设最初他的身体痛苦程度是十分,要靠十二分的狠劲撑下来,此时他的身体痛苦程度已经减小到五分了,需要六七分的狠劲就能坚持住。

一个月过去了,他的身体已经完全适应了,痛苦程度很小,只有一分了——可以忽略了,也不用调用狠劲了,仅仅是个日常的普通状态而已。

一般人的问题在于,自己也是那个常年不运动的人,他们带着第一天跑步所要经历的那种痛苦的视角,来揣测后面几个月发生的事情,以为那种消耗巨大心理能量的狠劲会一直恒定地存在着——那确实是一件很可怕的事情——于是就退却了。

现在，我们需要调整自己的观点来看待这个问题了。那些你以为是狠劲的东西，其实并不那么狠。它们在你逐渐地进步中渐渐地退出了，取而代之的是一种叫"习惯"的东西在支配你，那时，你不但没有痛苦，还会感到愉悦。

● 升级到"热爱"的模式

没有什么比热爱更能激发一个人坚持的信念。习惯产生后，即便有些许阻力也是低阻力，而热爱不仅没有阻力，还会为你提供额外的动力！

虽不是绝对，但大部分情况下，我们因为擅长而热爱。你可能因为一年级的口算比别人稍微快了一点儿，得到了老师的表扬，于是变得热爱数学，并因此在此后的十几年里一直保持对数学的浓厚兴趣；你或许因为一首英文歌得到同学的认可，就开始特别喜欢英语；你可能在一次偶然的PPT展示中显现了一个特别的技巧而被人夸是"PPT达人"，从此开始了疯狂研究PPT之路……

由于擅长而带来的热爱，并不仅仅是外界对你的赞扬和艳羡，也是你对自己身份的评价与定位。

谁都更爱那个优秀的自己。当你发现自己在某方面特别优秀时，你就会自然地把注意力投放到那方面，你就会觉得这才是真实的自己，这才是自己最应该得到的生活。

我们往往把对自己的身份定位，放置在自己最优秀的那个地方。只要这个地方得到了足够的注意力滋润，通常都会自发地开出热爱之花。

第七章

自律需要被量化

自律需要被量化,但不要以时间的付出作为标尺,而要把实际效果作为第一要义。如何辨别实际效果的优劣呢?必须用到工具,有工具辅助,自律训练就会达到事半功倍的效果。

给自律设置里程碑

里程碑源起于公路标志，每过一段里程，设立一个界碑，用以告诉过往的人，所到之地是哪里，距离目的地还有多远。对于正在赶路的人来说，里程碑就是指路灯，也是持续前行的一种动力。

自律也是一种前行，过程中难免会迷路、会疲惫、甚至会怀疑自己。因此，在自律的过程中为自己设立里程碑是非常有必要的。

自律过程中的里程碑是虚拟的，是可以用其他物品或行为代替的。主要表现为，在完成阶段性自律任务时给自己一些奖励，或者每隔一段时间给自己一定的奖励。奖励无须丰厚，到位即可，奖励也不能随意，要尊重自己的付出。

场景：

某人决心在六个月时间里，背诵3000个英语单词。他每天的背诵时间是两个小时，他计划在这个过程中设立几个里程碑，用以奖励自己。现在，征求大家的意见，他如何设立里程碑合适呢？

我替他想到了两种任务切割模式+两种奖励方式，细分起来是四种方式。

(1)按照时间切割任务（图7-1）+实物奖励方式

六个月背诵3000个单词，每个月需要背诵500个单词，平均到每一天，需要背诵16~17个单词。那么，可以设计每一周为一个小里程碑，奖励看一部电影、买一本喜欢的书、吃一顿大餐等。每个月为一个大里程碑，奖励自己一双鞋子、一套衣服、放假一天等。

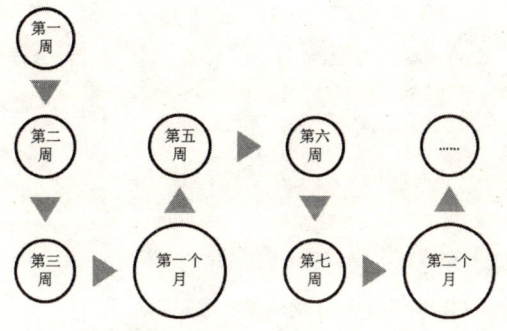

图 7-1　按照时间切割任务

(2)按照时间切割任务+虚拟鼓励方式

按时间任务切割参见第一种，但奖励方式则改为鼓励，比如，每坚持一周，在自己的"自我认可日记"上写：×××你很自律，坚持一周，希望继续努力！再坚持下一周，继续在"自我认可日记"上写：×××你很厉害，坚持两周了，很多人此时都放弃了，你要继续。如果坚持到一个月，不仅可以在"自我认可日记"上继续夸赞鼓励自己，还可以将自己的成绩告知最亲近的人，分享你的快乐，并一起帮助你完成余下的任务。

(3)按照完成任务量切割（图7-2）+实物奖励方式

每天背诵16~17个单词，每背诵100个设立一个小里程碑，每背诵完500个，设立一个大里程碑。奖励模式参见第一种。

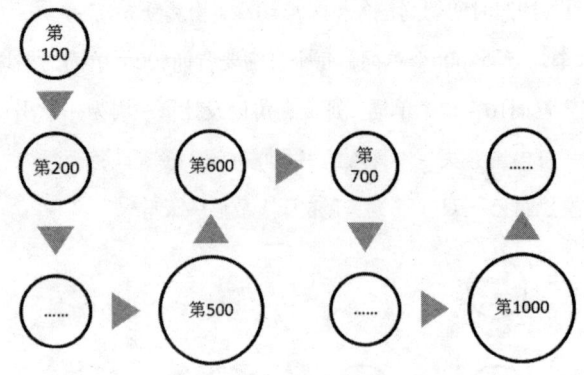

图 7-2　按照任务量切割任务

（4）按照完成任务量切割+虚拟鼓励方式

任务量切割参见第三种，奖励模式参见第二种。

记住，一定要给自己设置一个或多个里程碑，给自己一点儿奖励。毕竟弹簧不能硬拉，劳逸需要结合。各位试试，效果真的很好。

● 启动"霍桑效应"，刺激自己的成就欲

"霍桑效应"由哈佛大学心理专家乔治·埃尔顿·梅奥教授为首的研究小组提出。是指当人们在意识到自己正在被关注或观察的时候，会刻意去改变一些行为或是言语表达的效应。

霍桑效应告诉我们：从旁人的角度，善意的谎言和真心的夸奖可以造就一个人；从自我的角度，你认为自己是什么样的人，你就能成为什么样的人。

霍桑效应在运用中有三点需要注意：

（1）适当发泄

人在一生中会产生数不清的意愿和情绪，但最终能实现、能满足的却为数不多。对那些未能实现的意愿和未能满足的情绪，切莫压制下去，压制只会让自己的内心更加混乱，压制得越狠，越影响情绪，当坏情绪占据主导时，很容易放弃正在进行的工作，而沉浸于坏情绪中。因此，要将坏情绪采用适当的方式宣泄出来，这对人的身心和工作效率都非常有利。

（2）得到赞美

当自己受到他人的关注或注视时，学习或工作的效率会大大增加。因此，在日常生活中要学会与他人友好相处，明白什么样的行为才是能被他人接受和得到赞赏的，只有在生活中不断地增加自己的良好行为，才可能受到更多人的关注和赞赏，也才可能让我们在工作中获得不断进步的空间，进而愈加自信。

（3）注意刺激的饱和度

刺激因素确实能够将工作效率提高到一定程度，但是任何刺激因素都不会是一直有效的，因为它总有效力饱和的时刻。所以，不能够完全指望霍桑效应提高效率，还应该辅以其他技术性办法，如工作再设计、工作扩大，以及培养自己的学习能力和加强自我约束能力等。

- 给自己设定一个"缓冲区"

常规性的计划必须列出来，但任何计划都不是一成不变的，在执行的过程中是需要随时根据形式变化进行调整的。因此，在列出计划的同时，要有计划调整的"预期计划"，即留出一定的空间和时间进行未来的缓冲，也可以称为留出"缓冲区"。

在此，给大家一个建议：在制订计划前，要给自己做一次心理建设，就是计划可能会调整的预期。

计划执行的最初阶段，雄心勃勃、热血上涌，通常自律计划都能够较好地完成，比如，每天坚持跑步，然后发个朋友圈，看着几十个点赞，心想：这次一定健身成功！可是，一旦因为一次聚会、一场饭局、一次约会、一场生病等意外状况，计划被打乱，自律出现了短暂或较长期的空白期，应该怎么办？要知道，一次计划被打断，就会有第二次、第三次，等到一段时间之后再看计划，"哎，一切都回归了，还是缓一缓吧！"或者"下个月再重新开始吧，这个月就这样了。"自此，这一轮自律的努力也就付诸东流了。但谁能保证下一轮自律能成功？恐怕不成功的几率要占很大的比例，毕竟意外总能发生，借口总是存在。因此，要给自己一个缓冲区——一个计划一旦被打乱也不要紧的缓冲区，这个缓冲区，可以让我们从容面对自律的空白期，主动去调整，然后继续自律就可以了。

多角度、多方面的胜任力

自律的一个很重要的目的是获得更高的胜任力,让我们能够从容地、高效地胜任某项工作或某件事情。在培养自律的过程中所付出的一切努力,都是要将任务完成。这个完成的过程,就是胜任力的体现。当然,完成得越好、越快、越高质量,说明胜任力越强,反之,说明胜任力越弱。自律,就是要将弱胜任力提升为强胜任力。

胜任力的强与弱怎样区分的呢?美国社会心理学家戴维·麦克利兰博士这样定义:"多角度、多能力是强胜任力,反之为弱。"

多角度、多能力的胜任力究竟体现在哪里呢?多角度是在完成任务过程中所采用的多种方法,与智力值高低无关;多能力是在完成任务过程中解决突发性问题的能力,需要各种综合能力才能做到。

麦克利兰博士在《美国心理学家》杂志上发表的一篇文章中,引用大量的研究,说明滥用智力测验来判断个人能力的不合理性。并进一步说明那些主观上认为能够决定工作能力的人格、智力、价值观等方面的因素,在现实中并没有表现出预期的效果。

因此,麦克利兰博士强调要离开被证明无法成立的理论假设和主观判断,回归现实,从第一手材料入手,直接发掘那些能真正影响工作能力的个人条件和行为特征。他把这种发现的、直接影响工作能力的个人条件和行为特征称为"能力素质"。而由他提出的模型体系被称为"能力素质模型"。

能力素质模型提出了全新的对人能力的要求，包括三类：通用能力、可转移能力、独特能力（图7-3）。

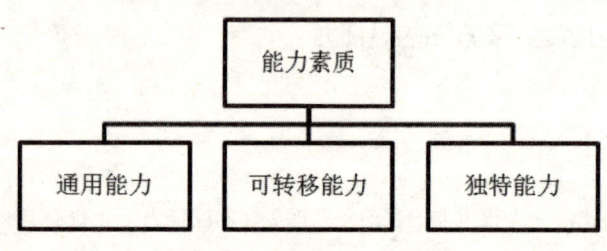

图 7-3　能力素质的三个组成部分

通用能力是指每个人都应该具备的能力，它是个人常规性的表现，是生存对人的要求；可转移能力是指在生活、工作或学习的不同角色中都需要的能力，具有可转移性；独特能力是指从事某项特定工作所需要的能力。

能力素质是个体的潜在特质，它可以预测一个人在一般的、常见的情境下和在一个持续的、特定的时期内的行为方式、思维方式。能力素质模型则是指完成某项工作所需具备的能力素质的总和，能明确区分在工作中杰出能力水平和一般能力水平的个人特征。

● 能力素质的五个层次划分

麦克利兰把能力素质划分为五个层次：第一层，知识；第二层，技能；第三层，自我概念（包括态度、价值观和自我形象等）；第四层，特质；第五层，动机（图7-4）。

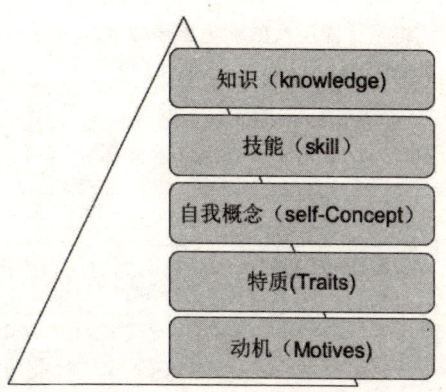

图 7-4 能力素质的五个层次

麦克利兰认为，不同层次的能力素质在个体身上的表现形式不同。可以把人的能力素质形象地比喻为漂浮在海面上的冰山，知识和技能属于浮在海平面以上的浅层次的部分，自我概念、特质、动机属于沉浸在海平面以下的深层次的部分。

研究表明，真正能够把优秀的人与一般的人区分开的是深层次的部分（图7-5）。因此，麦克利兰把不能区分优秀者与一般者的知识与能力的部分称为"基准性素质"，也就是从事某项工作最基本应该具备的素质；而把能够区分优秀者与一般者的自我概念、特质、动机的部分称为"鉴别性素质"。

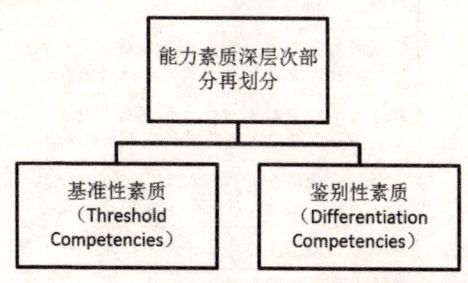

图 7-5 区分优秀者与一般者的知识与能力

下面,我们将三个深层次的能力素质以表格形式展现出来,来看看都包括哪些更具体的能力(表7-1)。

表7-1 三个深层次的能力素质的具体展现

层次	具体分类	定义
第五层动机	成就欲	把工作做得更好的想法和行为,在工作中设定高标准与高要求,以挑战自我,追求卓越。
	责任心	忠于本职工作,竭尽全力完成工作任务或目标。
	影响力	为特定目的,采用影响策略或战术,并有具体行动。
第四层特质	灵活性	为了更好地达到目的,在必要的时候改变策略、方法。
	整合能力	把许多不相关的信息整合成为有机的整体,创造出新的方法。
	洞察能力	在别人没有直接用言语表明的情况下,能知道别人在想什么,感受怎样,想要怎样做。
	沟通能力	能准确和顺畅地表达想法,传递信息。
	协调能力	能考虑多方面的因素,做出最为合理的安排。
	判断能力	一种理性地、客观地、无偏见地做出决策或采取行动的能力。
	学习能力	获取与工作有关的信息和知识,并对获取的信息进行加工和理解,不断地更新自己的知识结构,提高工作的能力。
第三层自我概念	自信	选择高效完成任务和解决问题的能力,对待自我的观点和信念。
	主动性	承担并未被要求的工作职责或他人并未明确提出的额外的工作,这些工作往往能提高工作的有效性,避免产生某些问题。
	坚忍性	在艰苦的条件下,或自身感到难以坚持的情况下,仍然表现出坚毅的决心和乐观的态度,将任务执行到底。
	创新精神	敢于突破经验的束缚,善于想出多种新方法、新主意,赋有灵感和创造力,并将其运用到实际的工作中去。
	正直诚实	正确的价值观,并保证行为与价值观一致,在与自己的人生信条及价值观冲突时,能坚持正义。
	团队精神	强调融入团队,作为团体中不可或缺的一员。
	服务精神	能设身处地为他人着想及行事。

- 能力素质的适用范围划分

我们还可以从能力素质的适用范围入手,将其划分为"核心能力素质"和"专业能力素质"(图7-6)。

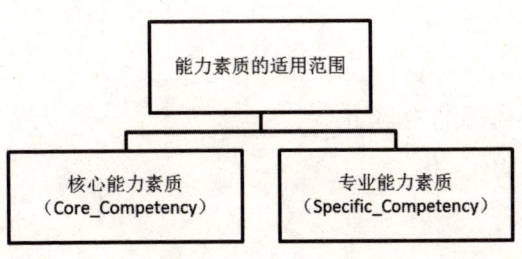

图 7-6　能力素质的适用范围

核心能力素质:针对个体应该具有的所有能力中最基础且最重要的部分,拥有了这部分能力,无论从事何种工作、处在何种岗位,都能最快速地找到让自己发挥的途径,也能最准确地认识到自己的差距。

专业能力素质:依据个体所在的工作而单独开发出的能力,想要从事什么工作,就要在这项工作所需要的能力上下功夫,让自己不断提高。

一个核心能力素质的表现形式可能是通用的,也可能是有差别的;同样,一个专业能力素质也有可能是通用的,也可能是有差别的。

实现自律的内驱动

自律就像一颗卫星,在推向太空的前期,必然要经过一段前途未卜的经历。然而,一旦冲破大气层,摆脱地球引力的束缚,剩下的就是在既定轨道畅游了。

在第六章我们讲过,意志力的"肌肉"如果运动不当,是能够枯竭的,而保护意志力"肌肉"的最好办法是持续地、正确的训练,最终当肌肉力量与自律所需的能量达到平衡后,就能形成自律的自驱力。

本章我们讲的自律的量化,是借用各种模型工具来达到自律。本节的核心是如何实现自律的自驱力,有一个非常好的模型可供我们选择——洋葱模型。

"洋葱模型"建立在"能力素质模型"的基础上,由美国学者理查德·博亚特兹对麦克利兰的能力素质理论进行了深入和广泛的研究后提出来的(图7-7)。洋葱模型把胜任的素质由内到外概括为层层包裹的结构,最核心层的是动机;向外一层是特质;再向外一层是自我形象,包括价值观、社会角色、态度等;再向外一层是知识;最外一层是技能。越向外层,越易于培养和评价;越向内层,越难以评价和习得。

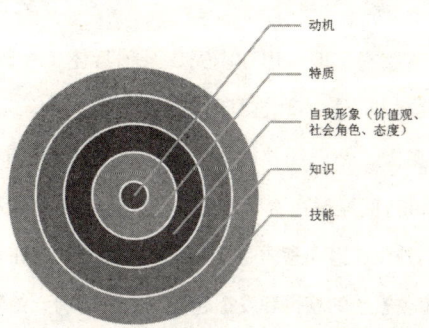

洋葱模型是有很多变形的,可以是图7-7所示的五层,也可以是三层,还可以是六、七层,究竟多少层,可以根据自身的特殊性而定。

下面进行分别介绍:

动机是引起、维持和推动个体为达到目标而采取行动的内驱力,它引导个人行为朝着有利于目标实现的方向前进,动机强烈与否影响行为过程的效率和结果。

特质是个体对待现实事物的态度及具体的行为方式所表现出来的经常性和稳定性的综合素质。

自我形象是个体对自身能力和自我价值的认识,是个人期望建立的社会形象。自我形象一经形成,有拒绝改变的倾向。

价值观是个体对外部环境、客观事物及对自己行为结果的反应方式与总体评价,它使人的行为带有稳定的倾向性。

社会角色是个体对其所属社会群体或组织的接受和认识,与人的社会地位、身份相一致,也代表人们对具有特定身份的人的行为期望。

态度是个体对某一对象(工作、任务、他人等)所持有的认知、情感和意向的评价,既是一种内在的心理结构,又是一种外在的行为倾向。态度是个体的自我形象、价值观以及社会角色综合作用后的结果。

知识是个体在某一特定领域所拥有的实际型与经验型的信息,是人们从事某项工作所具备的基本胜任素质。

技能是个体结构化地运用知识完成某项具体工作的能力，技能能否产生效果，受动机、特质和自身形象等要素的影响。

在洋葱模型中，知识和技能等表象素质是易于培养和评价的；自我形象、特质和动机等潜在素质是难以评价的，需要后天习得。表象素质是潜在素质的外化，潜在素质是表象素质的基础；潜在素质的数量、质量和性质都对表象素质的获得和发挥起着巨大的影响。各个层次的素质相互联系，构成一个动态的复杂统一体，共同作用于人们潜能的发挥。

模型中各素质模块既具有各自相对独立的创新功能，又形成相互联系、相互支持的有机整体。那么，应该如何提升各层能力，以便更好地提升自律的内驱力呢？

● 系统的知识结构和技能能力

知识和技能处在模型的最外围，是最容易被塑造的。但也要去刻意塑造，没有深度的摄入是不会获得的。知识和技能并非指的是泛泛之类，而是从事任何一项工作或任务，所要掌握的精深的专业知识、广博的文化基础、专业性技术和经验性的能力。

具有广博的文化知识是构成个体积极的价值理念和人文情怀的要素，而高超的技术能力是实现目标和完成任务的基础。

如何高效获取知识和技能呢？

（1）总结能力。再有用的书也不是每个字都有用，有可能作者想表达的观点就一句话，就如理科经常将知识浓缩成一个公式一样，所以我们要将那句最关键的话提炼出来。

（2）保证容量。有足够的知识量是拥有宽泛视野和知识面的基础，一年读100本书的人肯定比一年读10本书的人获取信息量要大。

（3）结合实践。要想获得某项能力，除了大量的阅读外，还要根据理论不断尝试，尝试是试错的过程，只有如此，我们才能更全面地审视这个行业，看清楚自己的不足，也找准自己的定位。

（4）提高效率。提高知识和技能是消耗时间的线性过程，能在最短的时间获取足够量的知识和足够强的技能，就是高效率。拒绝拖拉，摒弃摄取知识的低效率习惯，比如"前读后忘式""一天一段式""只读不练式"等。

● 必要的创新能力

自律是相对比较枯燥的过程，固化性的自律会让意志力"肌肉"逐渐萎缩，自控力被减弱。而创新是不断为自律带来新鲜感的一个途径。这里所指的创新不是方式方法的创新，不是这几天采用一种自律方式，过几天采用另一种自律方式，这种变换会打乱自律的节奏。此处说的创新是对自律者内在素质的不断提升的创新，这种创新活动需要借助我们所具有的一系列能力的综合参与，其中以自主学习能力、实践能力和人际交往能力最为关键。

自主学习能力是我们自主获取与创新目标有关的知识的能力，持续的学习能力可不断增加知识的储备量，改善知识结构，以适应目标的走向。自主学习能力要求我们能够独立自主地学习，能够与他人合作学习，能够质疑、提出和探究问题，并找到解决方案。

实践能力是我们运用知识实现目标的能力，是一种外显的能力，使创新活动得以落实的保证，包括创新经验、创新思维、创新规划和创新运作四个方面。

人际交往能力是创新成功的润滑剂。创新很大程度上体现在团队创新上，这就要求我们必须具备良好的人际关系能力。人际关系能力包括合作能力、沟通能力和冲突解决能力三个方面。

消除生命的隐形漏洞

美国管理大师彼得·德鲁克说:"不能管理时间,便什么也不能管理!"其实,我们真正管理的对象并不是时间,而是自我管理。

我们每个白天的十几个小时好像全在忙着,但真正用于工作和学习的时间远没有这么多。比如,准备全身心写文章,但是写了5分钟就跑去刷微博,再写5分钟又去冲咖啡,算下来一个小时能用于工作的时间有一半就不错了,而且这一半的时间也不能保证一定是专注的。

那么,我们一天用于工作的时间到底有多少呢?9小时?8小时?7小时?鼎鼎大名的时间控制者亚历山大·亚历山德罗维奇·柳比歇夫认为自己一天真正工作6个小时就不错了。那么,对于我们这样浪费起时间没底线的普通人来说,数字则惨不忍睹。

著名的《奇特的一生》是一部描写真人真事的文献性小说,书中讲述的是俄罗斯昆虫学家亚历山大·亚历山德罗维奇·柳比歇夫献身科学的故事。从1916年1月1日起,26岁的柳比歇夫开始运用"时间管理法"。他每天都要记录做事的时间,并进行核算,每天一小结,每月一中结,年终一大结,5年一总结,直到他去世的那天,56年来从未间断。

● 记录要求——四要点与四步骤

柳比歇夫时间管理法，是建立在数学统计的基础之上，通对消耗时间的记录和总结，来掌握时间的损耗情况。最终的目的是让人能正确认识自己的时间利用状况，达到消除时间浪费的目的。

柳比歇夫时间管理法的要点：

（1）保持时间记录的真实性、即时性、准确性。真实是在工作现场最即时、最准确的记录，而不是后期的补记、瞒记或假记。准确是要求记录的误差不大于一分钟，也就是说以分钟为单位的记录，做不到这一点，记录就无价值。

（2）选择的时间记录区段要有代表性。工作要在应该工作的时间段进行，不是在夜晚，也不是在应该休息的时间区段。

（3）即时调整时间分配计划。记录时间的目的是为了更准确地把握时间，做到不浪费时间。所以，当上一时段计划时间与实际损耗时间出现了较大的差距时，即出现了浪费时间的情况，就必须对下一时段的时间耗用予以重新分配，达到最合理状态。

（4）坚持。坚持是毋庸置疑的，是柳比歇夫能五十多年如一日实现记录的基础，也是我们能实现最合理利用时间的基础。

柳比歇夫时间管理法的步骤：

（1）记录。运用各种不同的耗时记录表准确地记录时间的耗费情况。

（2）统计。每填完一个时间区段后，对时间耗费情况按照所完成任务的不同分类进行统计。

（3）分析。对照工作效果，分析时间耗费的情况，找出浪费时间的因素。浪费时间的因素主要表现在：该做事的时间不够专注、做了不该做的事、做了应该由别人做的工作、做了浪费别人时间的工作、犯了过去犯过的错误、开会或处理人事关系的时间过长等。

（4）反馈。根据分析结果制订消除浪费时间因素的计划，并反馈于下一时段。

- 初级记录——详细记录

下面，我们节选了柳比歇夫时间管理的一些记录（注：柳比歇夫本人用的是卡片记录形式，为了更好地表现，这里采用表格形式），完整地表现了柳比歇夫的每日记录、每日小节、分类详记、每月中结、每年大结、5年总结。

记录节选一，每日记录和每日小节（表7-2）。

时间：1964年4月7日

地点：乌里扬诺夫斯克

表7-2 柳比歇夫时间记录的每日记录和每日小节（一）

工作类型	具体工作	所用时间
中心工作	分类昆虫学（画两张无名袋蛾的图）	3小时15分钟
	鉴定袋蛾	20分钟
附加工作	给斯拉瓦写信	2小时45分钟
社会工作	植物保护小组开会	2小时25分钟
休息	给伊戈尔写信	10分钟
	阅读《乌里扬诺夫斯克真理报》	10分钟
	阅读列夫·托尔斯泰的《塞瓦斯托波尔纪事》	1小时25分钟
每日小结	6小时20分钟（中心工作+附加工作）	

记录节选二，每日记录和每日小节（表7-3）。

时间：1964年4月8日

地点：乌里扬诺夫斯克

表7-3 柳比歇夫时间记录的每日记录和每日小节（二）

工作类型	具体工作	所用时间
中心工作	鉴定袋蛾	2小时20分钟
	写关于袋蛾的报告	1小时5分钟
附加工作	给达维陀娃和布里亚赫尔写信，6页	3小时20分钟
	路途往返	30分钟
休息	剃胡子	10分钟
	阅读《乌里扬诺夫斯克真理报》	15分钟
	阅读《消息报》	10分钟
	阅读《文学报》	20分钟
	阅读阿·托尔斯泰的《吸血鬼》，66页	1小时30分钟
	听尼古拉·柯萨科夫的《沙皇的未婚妻》	30分钟
每日小结	6小时45分钟（中心工作+附加工作）	

从这两天的记录可以看出柳比歇夫的记录是按照：日期—地点—工作性质—具体任务—耗用时间，记录一天的工作耗时，并对当天的中心工作和附加工作的时间进行合计。

柳比歇夫将工作分为两大类，第一大类属于科研范畴的工作，包括中心工作（科研、写书）和附加工作（看参考书、做笔记、写信）；第二大类不属于科研范畴，包括做学术报告、讲课、开学术讨论会、看文艺作品、读报、其他等。柳比歇夫每天只统计第一大类工作的时间，即中心工作和附加工作。

● 中级记录——细中再细的划分

柳比歇夫认为,每月中结能更清晰地看清楚这一个月时间的具体消耗情况,因为时间跨度近,有助于改掉不正确的工作方式。

记录节选三,每月中结(表7-4)。

表7-4 柳比歇夫时间记录的每月中节

工作类型	所用时间
基本科研	59 小时 45 分钟
分类昆虫学	25 时 55 分钟
附加工作	50 小时 25 分钟
组织工作	5 小时 40 分钟
合计	136 小时 45 分钟

只是简单地将工作时间相加,并不符合柳比歇夫的要求,他对上表中每一类工作的时间划分都记录清楚。我们以"基本科研"这项为例,看看里边都包括什么内容?

记录节选四,"基本科研"细分时间记录(表7-5)。

表7-5 每月中节的"基本科研"细分时间记录

具体工作	所用时间
《分类法的逻辑》报告草稿	6 小时 25 分钟
杂事	1 小时 0 分钟
校对《达达派研究》	30 分钟
数学	16 小时 40 分钟
日常参考书《里亚普诺夫》	55 分钟

日常参考书：生物学	12 小时 55 分钟
学术通信	11 小时 0 分钟
学术札记	3 小时 25 分钟
图书索引	6 小时 55 分钟
合计	59 小时 45 分钟

至此，柳比歇夫仍然不放过自己，还要继续细化到每一小项工作的时间统计，我们以"日常参考书：生物学"这个小项为例，看看里边包括了哪些生物学的参考书？

记录节选五，"基本科研"下"日常参考书：生物学"细分时间记录（表7-6）。

表7-6 每月中节的"基本科研"下"日常参考书：生物学"细分时间记录

具体工作	所用时间
陀布尔让斯基《人类的进化》，372 页	6 小时 45 分钟
亚诺什·卡罗埃《动物有没有思想》，91 页	2 小时 0 分钟
P. 贝尔格手稿	2 小时 0 分钟
聂考洛·奥斯维尔陀手稿，17 页	40 分钟
W. 拉特纳手稿	1 小时 30 分钟
合计	12 小时 55 分钟

柳比歇夫对当月进行总结后，就制订出下一个月的计划。同理，他对当年总结完成后，就制订下一年度的工作计划。除了年度计划，柳比歇夫还将一生的时间制订成一个一个的5年计划。

有人会问，做计划怎么才能做到精确呢？毕竟未来的事情不太好预测。为此,柳比歇夫告诉你:制订月计划或年度计划时,需要依靠经验。例如,我计划要看一本书,根据经验我知道自己一小时能看20~30页,就根据这个经验来制订计划。至于数学,我的经验是每小时能看4~5页,有时更少。如果认真做事,实际工作时间对预定工作时间的误差一般可控制在10%以内。

• 高级记录——记录之后再总结

柳比歇夫每年年终还要花上十几个小时进行年度大结,用以进行自我分析、自我研究,看看自己的效率有什么变化,什么工作完成的顺利,什么工作没有完成,为什么……

记录节选六,年终大结(表7-7)。

表7-7 柳比歇夫时间记录的年终大结

工作类型	完成时间	计划时间
第一大类工作	564 小时 30 分钟	570 小时
路途往返	142 小时 10 分钟	140 小时
交际	129 小时 5 分钟	130 小时
私事	8 小时 30 分钟	10 小时
……	……	……

不是做出总结后看一看就可以了,柳比歇夫还要用文字对自己进行一番告诫,比如在1966年结束后,他这样写:"1966年,第一大类工作共计用时1906小时,原计划为1500小时,与1965年相比,增加了270个小时,平均每天增加44分钟。"

他将用时大幅度增加的原因也进行了说明:"俄文书读50本,48

小时；英文书读2本，5小时；法文书读3本，24小时；德文书读2本，20小时；7篇论文……由于长期住院，阅读的时间自然多了，但主要工作还是超额完成了，虽然有许多事没有办好，例如《科学与宗教》一文占用的时间要比预计多出4倍。"

除了年终总结，每到5年柳比歇夫还要把这5年度过的时间和做过的事进行总结并分析，可以说是做出总的鉴定。

"……1964至1968年……在跳甲属方面做了很多工作；如果能在下一个5年完成论述大田跳甲属的专著，就满意了。搜集已经完毕，但我并不指望在下一个5年计划中能确定各族系之间的差异……由此可见，虽然在形式上我哪一项都是连一半也没有完成，然而各项工作都有显著的进展……"

柳比歇夫为什么要如此详细地对时间进行统计？他告诉我们：应该学会计算一切时间。一天有24个小时，人们真正用于工作、学习的时间只有几个小时。我们每天都在感叹时间不够用，但是我们每天都在浪费大量的时间。柳比歇夫用他的时间统计法对所消耗时间的记录进行分析，来正确认识自己的时间利用状况，并养成管理时间的良好习惯。

目标化地完成每一件事

上一节阐述记录的重要性，可以帮人理清做事的条例。记录还有另一种大用处，就是把头脑中的各种任务移出来。通过这样的方式，头脑可以不用塞满各种需要完成的事情，而集中精力到正在完成的事情。

在这种情况下，我向大家推荐"GTD管理系统"。GTD是Getting Things Done的缩写，是一种行为管理的方法，翻译过来就是"把事情做完"。

人最大的不安不是事情太多，而是有很多事情你该做却没有做。GTD管理系统能确保你所有该做的事情都做到。压力不是来自任务本身，而是任务在大脑里的混沌塞积，造成心理上的焦虑和抵触。

GTD管理系统的核心理念是必须把心中所想的事情都记录下来，然后经过整理，安排好下一步的计划，先全力以赴地做好眼前的工作，并把余下的工作一一执行完毕。总而言之，就是将所有悬而未决之事都纳入我们可控制的一个管理体系中。

- GTD 管理系统的方式和好处

GTD 管理系统的执行方式有两点：

（1）清空你的大脑

有一个心理学现象，一件事在大脑中所占空间比例和现实中已经完成多少成反比，即这件事占据大脑比例越多，说明完成比例越少。同理，反过来也成立，这件事完成比例越少，那么在大脑中占据的思考比例越大。但大脑是用来思考的，不是用来记事的。所以，在做事情之前，需要将大脑中的内存全都清理出去，存放在一个逻辑性强而又可靠的系统中去。在这个系统中，我们可以将所有要做的事情分门别类。

（2）把任何任务和项目具体化成行动

不管是什么任务项目，我们要问的问题不是"它是什么？"而是"下一个动作是什么？"只有这样才能把计划具体化，也才能随时把握该做什么。因此，在一个特定时间采取计划内的行动，我们才能做出最好的选择，而且对自己的行动有信心。

执行 GTD 管理系统的好处有三点：

（1）工作有序

工作必须按照一定的顺序才能在最短的时间内最高效的完成，GTD 整理安排的过程恰好提供了这个功能。

（2）工作顺利，生活幸福

这是一种人人都渴望的境界，想要达到并不难，就是无论工作的内容是什么，在什么环境下进行，每天都有一些时间来学习、阅读、写作、和朋友交流、看风景、锻炼身体。尽管很多时候完成起来相当困难，但其中的压力能很快地被 GTD 管理系统分解。

（3）思维能力不断提升

GTD 管理系统能教给我们一系列的思维新方法，这些东西会潜移默化地影响我们的评估机制、决策机制和行为机制。

● GTD 管理系统的具体做法

GTD 管理系统的具体做法可以分为收集、整理、组织、执行与回顾 5 个步骤（图 7-8）。

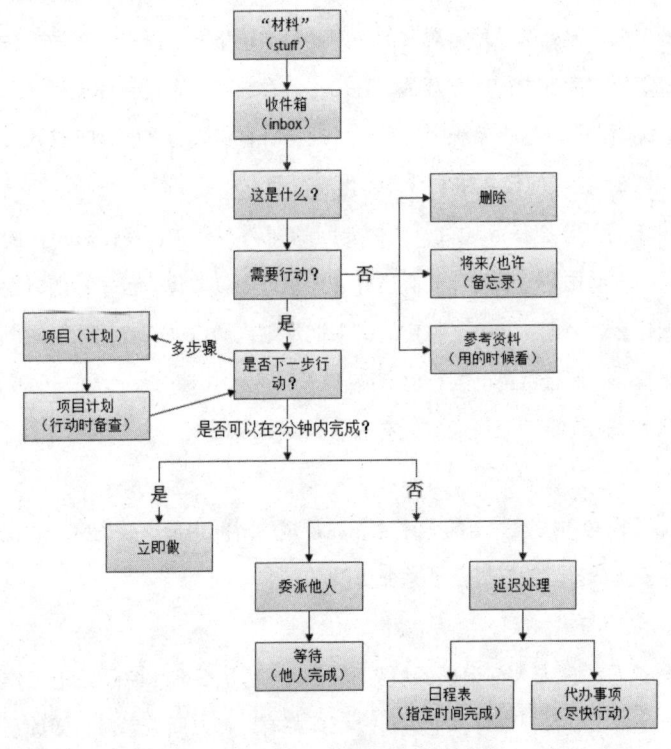

图 7-8 "GTD 管理系统"图示

（1）收集

将你能够想到的所有的未尽事宜或未整理的念头（GTD 称为

stuff），统统罗列出来，放到你的收集设备里（GTD称为inbox），我们称为"收件箱"，这个收件箱既要有用来放置各种实物的文件夹或者盒子，也需要有用来记录各种事项的纸张。收集的关键在于把一切赶出你的大脑，并准备好做下一步的处理。

（2）整理

收件箱需要定期或不定期地进行整理，建议每星期清空一次。将这些stuff按是否可以付诸行动进行区分整理，对于不能付诸行动的内容，可以进一步划分为删除、将来/也许、参考资料，而对可以行动的内容再考虑是否能在两分钟内完成，如果可以则立即行动完成它，如果不行则对下一步行动进行组织。

（3）组织

这是GTD最核心的步骤，主要分成对参考资料的组织与对下一步行动的组织。参考资料的组织主要就是一个文档管理系统；下一步行动的组织可分为：下一步行动清单（立即做），等待清单（委派他人）和未来/某天清单（延迟处理）。

其中：下一步清单是具体的下一步工作，如果一个项目涉及多步骤，需要将其细化成具体的工作；等待清单主要是记录那些委派他人去做的工作；未来/某天清单则是记录延迟处理且没有具体完成日期的未来计划。

（4）执行

如果把时间都花在组织工作，而不是实际去做，那么再好的GTD都是没用的。因此，行动是必须的。可以按照每份清单逐一开始行动，在具体行动中可能会需要根据所处的环境、时间的多少、精力的情况以及重要性来选择执行清单上的事项。

（5）回顾

回顾是GTD中的一个非常容易被忽略却又十分重要的步骤，如果经常回顾检查所有比较主要的"行动""项目"和"等待"的事项，那么你的行动和提醒的列表将会变得毫无用处。因此，建议至少以星期为周期进行回顾，确保所有的新任务或者即将到来的事件都进入你的系统，而且在回顾的同时还需要进行未来一周的工作计划。

变最弱环为聚能环

"PDCA循环"是美国管理专家爱德华兹·戴明博士首先提出的,所以又称"戴明环"。所谓PDCA,是英语单词Plan(计划)、Do(执行)、Check(检查)和Action(纠正)的首字母组合,PDCA循环就是按照这样的顺序进行管理,并且循环不止地进行下去的科学程序(图7-9)。

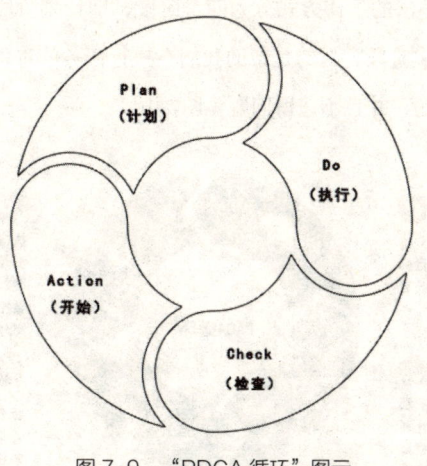

图7-9 "PDCA循环"图示

P(计划),包括目前工作生活的目标的确定,以及活动规划的制定。

D（执行），根据已知的信息和已有的资源，设计具体实施的流程布局，再根据流程布局，进行具体运作，实现计划中的内容。

C（检查），总结执行计划的效果，分清哪些对了，哪些错了，明确厉害关系，找出问题。

A（纠正），对总结的结果进行处理，对成功的经验加以肯定，并予以标准化；对于失败的教训也要总结，引起重视。对于没有解决的问题，应提交给下一个PDCA循环去解决。

以上四个过程不是运行一次就结束，而是周而复始的进行，一个循环完了，解决一些问题，未解决的问题进入下一个循环，这样阶梯式上升。也就是说，PDCA循环法是一个大环套小环，不断发现问题、解决问题、提升解决问题能力的科学程序。

- "PDCA 循环法"的四个阶段

PDCA循环法的工作方式分为四个阶段，即计划阶段、执行阶段、检查阶段、改进阶段，目的是帮助我们在执行任务的过程中能最快发现问题和解决问题，并且不遗留问题（图7-10）。

图7-10 "PDCA 循环"的四个阶段

第一阶段:"P阶段",即计划阶段。

根据实际工作的要求,为保质保量完成工作建立必要的目标和过程。包括分析现状、确定目标、最佳方案、制订计划。

(1)分析现状。分析现状的目的是为了发现问题,这是分析问题和解决问题的第一步。必须对现状有精确的把握和发现问题的能力。

电影《恋爱假期》的男主角格雷汉姆是出版公司的一名编辑,丧妻之后生活状态混乱,需要独自照顾两个女儿,工作量几乎为零。格雷汉姆很疲劳颓废,经常泡酒馆,喝得烂醉。

(2)确定目标。把导致问题产生的原因统统找出来,然后根据这些问题确定一个适合自己的目标。

格雷汉姆生活混乱的原因是他没有做好独自面对生活的准备(问题的原因)。他需要将工作、家庭两者更好地结合起来,而不是将两者搅在一起,互相干扰(确定的目标)。

(3)最佳方案。我们往往会为解决某个问题而罗列出若干种方案,然后找出各种解决方案中最好的那个。

格雷汉姆认为应该继续这份工作,然后努力学会照顾女儿的各种技能,也就是"当好优秀员工+单亲奶爸"是最好的方案。如果再能找到一位聊得来的、愿意和他共度白首的爱人,就更好了。

(4)制订计划。有了好的方案,其中的细节也不能忽视,需要将方案具体化,逐一制定对策。

格雷汉姆的计划是:早起一小时,为女儿准备早餐,送女儿去学校;工作时努力不走神,每天工作量增加20%,下班回家要陪伴女儿,女儿睡着后再校对白天的稿子;不再去酒馆,看英超的次数降低为每周一场;周末带女儿去爷爷奶奶家,或者去郊游;每年长假……

第二阶段:"D阶段",即执行阶段。

按照上一阶段的计划，实施所规定的内容，努力实现预期目标。这一阶段除了按计划实施外，还要不断督促自己，确保能够按计划实施。

但总会有难以完成任务的情况，比如生病、发生意外、或者意志力不坚定等，此时应该如何挽救呢？

首先，少量落下的任务当天弥补。如果只是因为某个小意外导致落下少量工作，当天必须补上。

其次，大量落下的任务分批弥补。如果因为某些原因导致落下大量工作，短时间弥补不上，就需要做出一个补救计划，将落下的任务进行分配，每天补多少，多少天补完。

第三阶段："C阶段"，即检查阶段。

在计划执行过程之中或之后，检查执行情况。方案是否有效、目标是否完成，需要进行效果检查后才能得出结论。把完成情况同目标进行比较，看是否达到了预定的目标。如果没有达到目标，应该确认是否严格按照计划实施，如果是，意味着计划失败，需要重新进行最佳方案和执行计划的确定；如果不是，说明自我约束能力不足，必须在以后的执行阶段进行加强，同时要做出补救计划将这一阶段落下的工作补上。

第四阶段："A阶段"，即改进阶段。

根据检查的结果，采取相应的改进措施。巩固成绩，把成功的经验进行习惯化，把遗留问题转入下一个PDCA循环去解决。该阶段是解决问题、总结经验和吸取教训的阶段，具体有以下操作：

首先，习惯化，固定成绩。对已被证明的有效工作方式，要让其习惯化，制定为工作状态的标准，以坚持执行。习惯化是维持理想现状不下滑，积累、沉淀经验的最好方法，也是个人能力不断提升的基础。

其次，处理遗留问题。所有问题不可能在一个PDCA循环中全部解决,遗留的问题会自动转进下一个PDCA循环,如此,周而复始,螺旋上升。

- "PDCA 循环法"的特点与现实的结合

PDCA循环法可以使我们的思想方法和工作计划更加条理化、系统化、科学化。它具有如下特点:

1. 大环套小环、小环保大环、推动大循环

PDCA循环法作为个人管理和个体行为习惯化的基本方法,不仅适用于整体大计划,也适应于拆分后的分体小计划(图7-11)。

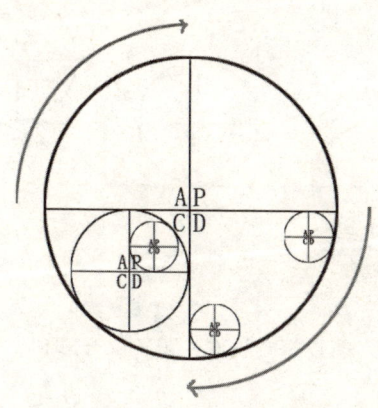

图7-11　PDCA循环的连续循环

格雷汉姆的大计划是将工作和家庭更好地结合起来;大计划分解后,形成工作和照顾女儿两个较小的计划;再进行分解,工作划分为公司和家中两部分来完成,而照顾女儿的每个技能都可看作是一个小计划;如果有需要,还可以进行拆分……

PDCA循环,层层循环,形成大环套小环,小环里面又套更小的

环。大环是小环的依据,小环是大环的分解。各小环围绕总目标的大环朝同一方向转动,彼此协同,互相促进。

(2)不断前进、不断提高

PDCA循环就像爬楼梯一样,一个循环运转结束,个人的能力值和状态值就会提高一步,然后再制定下一个循环,再运转,再提高,不断前进,不断提高(图7-11)。因此,PDCA循环不是在同一水平上循环,而是阶梯式循环。每循环一次,就解决一部分问题,工作就前进一步。每通过一次PDCA循环,都要进行总结,找出新的不足,提出新的目标,再进行下一次PDCA循环,使个体行为习惯的车轮滚滚向前。

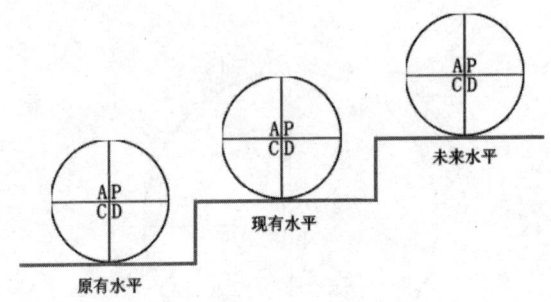

图 7-12　PDCA 循环的上升循环

第 八 章

别让你只是看起来很"自律"

自律有真假之分。"伪自律"是自律的天敌,因为伪装得很好,往往会使人迷惑。如果陷入"伪自律"中,需要立即放弃,重新开启真正的自律。本章列举了七种常见的"伪自律",目的是提醒大家,别将努力用错了方向。

幻想型自律：给"另一个自己"设定的任务

场景：

"我想在工作之余，进行一门业余爱好的学习，书法、羽毛球、游泳、一门外语或者烹饪，我还想经营一个公众号，想给杂志专栏投稿，也想对这个居住了很多年的城市来一次深度主题游……"

你的内心是否曾涌现过类似的声音？那么，首先恭喜你，没有"习以为常"当下的生活，对生活仍有追求。其次批评你，这些声音有多少已被你实现，有多少是虚无缥缈地逝去？

我想其中的大多数、甚至全部都会随风而去，任何期待都等于零。之所以会这样，是因为这些闪现的声音都是给自己的，是给心中的"另一个自己"设定的。

导致这种状况的发生有两种情形，一种是纯幻想型自律，另一种是因为拖延导致自律变为幻想。

第一种，纯幻想型自律。

我们希望拥有多种向往的能力或特长，却不想付出真正的努力，而是幻想着有一根魔法棒，将它轻轻一挥，就忽然获得了那些能力和特长。于是，我们都期待着"奇迹"能出现，而事实告诉我们，这种奇迹是不存在的，没有经过努力是无法获得的。可是，努力是艰难的，是令人感到痛苦的，不努力又不行，最终我们将幻想留给了自己，将努力留给了"另一个自己"。

这种幻想与自律对应起来，就是幻想型自律。完全通过大脑将"另一个自己"和自律行为联系起来，幻想自己明天就会自律，幻想自己很快会开始自律，幻想自己一定能够自律，幻想自己一定能通过还未施行的自律获得成功……但幻想终归是幻想，是不可能成真的。于是，有些人的自律就一直停留在幻想上，他们的大脑非常疲惫，但身体却非常轻松。

第二种，拖延导致自律变为幻想。

加利福尼亚大学教授罗伯特·罗森塔尔估计，全美80%~95%的大学生有拖延的行为，其中的大部分是日常性拖延者，15%~20%是习惯性拖延者。

罗森塔尔的观点并非独一家，美国社会心理学家、卡里加尔大学教授皮尔斯·斯蒂尔在其出版的《拖延等式》一书中，预估拖延行为使美国经济每年遭受数千亿的损失，其中仅扫雷、纸牌、空当接龙等电脑自带的小游戏就为虚耗的时间和失去的生产力造成了数十亿美元的损失。

如此巨大的虚耗都是因为拖延，我们将完美的计划、美好的畅想托付给了不靠谱的执行力，导致所有的一切都永远地停留在纸上。当然，面对已经被虚度的今天，我们的内心是后悔的、是懊恼的、是焦虑的，可是今天已经无可挽回了，怎么办？只能寄希望于下一次或者明天。可是，到了明天又会怎样？

我们常常会这样对自己说："从明天开始一定努力工作，绝不浪费时间""下一次任务开始后，坚决按照计划执行""明年的目标无论如何也要完成，还要加紧把今年没做的也补回来"……如果你总是这样想，那么我告诉你，下一次、明天、明年，你都无法完成目标，一切都还只是想一想而已。因为目标无论大小，想要实现，靠的是坚决的执行，而不是一个信誓旦旦的决心。

只要拥有正常的智商，我们就知道这两种镜花水月的"自律"根本不是自律，只是自欺欺人。如果你正在被这种状态掌控着，就必须要小心了，一定要尽快走出来，每拖一天，都是对自己的极端不负责任，是在浪费有限的生命。

那么，要如何摆脱这两种糟糕的状态呢？

● 勇敢宣告自己的计划

针对幻想和拖延的一个好办法是，将想要完成的任务公布出来，也就是说将计划告诉别人，等于给自己同时找了一个或几个"监督者"。如果我们做得不好，即使"监督者"嘴上不会说出来，但我们也会想他们是不是在心里嘲笑我们。

这只是一个相对低级别的方式，还有一个更狠的，就是将计划公布给我们的对手或者看不起我们的人。我亲自尝试过，这是非常奏效的办法。当我把一项很艰难的计划透露给一个非常看不起我的人后，就有一些评价我的难听话不出意外地传到了我的耳朵里。可想而知我的心情会是如何，仅仅是计划的刚开始，就被嘲笑得体无完肤，如果完不成会是怎样的，岂不是要颜面扫地了。于是，为了自己的尊严，为了狠狠地反击，我必须要做好。在执行的过程中，因为很艰难，我几度想要放弃，可是一想到还有一双双不怀好意的眼睛盯着我，就没办法放弃了，只能咬牙坚持。而那些对于我的嘲笑就在我做到的那一天彻底消失了。

这个办法非常好用,但在实施之前要豁得出去,要能经受得住尚未成功之前的境遇,否则很可能没有被任务击倒,反而先被别人的嘲笑击倒了。

- 善于说"YES"或"NO"

先谈谈说"YES"。

面对被授予的任务,如果是很重要的事情,最好的方式不是先思考,而是先接受。接受任务之后,就开始想办法,办法总比困难多,总能想出好方法,剩下的就是坚持到底、排除万难去实现。

无论是什么任务,只要想接受的,都可以遵循这个套路,先说"YES",后想办法,再努力实现。执行的过程中,我们可以牺牲掉部分娱乐、睡眠、社交,甚至是和家人团聚的时间,督促自己用冲刺的方式去完成某项短期目标。

再谈谈说"NO"。

无论在什么情况下,说"NO"总是非常艰难的事情,可是在某些情况下,不说"NO"就很难专心地应对真正重要的任务。因为有太多看起来不错的机会、看上去不能拒绝的要求、事成后有利的前景,以及无法拒绝的人情世故,诱惑着我们答应下来。但真正聪明的人,真正懂得将能量用在哪里的人,是不会这样做的。

一位自由职业的朋友,刚刚拒绝了三份很有诱惑力的合作邀请。对此,很多人都不理解。可她认为,自己当前最重要的目标,是创作出强而有力的影视IP,而那些邀请都是需要花费大量时间的广告类合作,虽然能带来可观的收入,却和她最主要的目标大相径庭。因此,在经济条件允许的情况下,她选择了放弃。

这才是真正的牛人,在利益面前能够放弃。所谓的战略化决策,不仅仅是指战略高度的选择，也指战略高度的放弃。刚开始放弃的时候会很难受，这是多年形成的习惯和求全责备的心态发出的尖叫和抗议。可是时间久了才发现：不重要的事情永远都做不完，而重要的事情往往很稀缺，拖着不做真的得不偿失。

总之，如果一件事并不重要，就明确地拒绝；如果很重要，就大胆地接受。我们不会因为说"NO"损失多少，也不会因为说"YES"却没能做好而损失什么。真正的损失往往是在不该说"YES"时说了"YES"，却在该说"NO"时没能说"NO"时发生的。

仪式型自律：简单地重复就是扼杀你的未来

看一个故事：

亚历山大城的图书馆被焚毁时，只有一本看着很普通的书幸免。一个穷人一时好奇翻阅，从中发现了"点金石"的秘密。据说在黑海岸边，有一块看似一般却有着神秘力量的石头，能把普通的金属变成黄金。这块石头与其他成千上万块一模一样的石头混在一起，唯一的区别是这块石头是温暖的，普通的石头是冰冷的。

穷人非常兴奋，卖掉了仅有的东西，准备了简单的行装，来到黑海岸边开始了"寻石计划"。晚上睡在岸边的洞里，白天靠讨饭度日。他唯一做的事情就是一块又一块地石头挨着找，他捡一块石头，感觉一下，不热就扔到了海里，期望那块热的石头尽早出现。就这样，他日复一日地重复这套动作，转眼过去了几年。

一天早上，他拾起了一块石头，是热的，可是他连想都没想就把石头扔进了海里！扔完后，穷人才恍然发现，可是石头已经入海，任凭他如何寻找都没能再找到。

穷人的故事很可悲！虽然他找到的是一条成功的捷径，并且为了这个捷径他付出了巨大的努力。如果按照自律的标准定义，这个穷人达到了自律的要求，为了目标他放弃了一切，每天坚持不懈地找石头，从未懈怠。可是他的自律犯了一个致命的错误，就是过度"仪式化"，从始至终只进行"摸—拿—扔"，这三个动作。结果，在大脑中固化了动作却僵化了思维，使人渐渐忘记了进行这套动作的初衷是什么，只是机械性地重复着动作。从这位穷人"寻石计划"的结局可以看出来，仪式化的动作只能带来仪式化的结果。

所以，如果将自律仪式化，我们看似每天都在"自律"着，却不知道行为状态和自律的本质早已脱离了，我们的大脑在时间的作用下，只形成了惯性的仪式化动作，却没有做到原本的目标。

通过这个故事，我们可以看到，简单地进行重复性的行为不是自律，任何行为都要和自律的目标结合起来，那么，究竟应该怎么做呢？

● 经常重温目标

桥本和彦说："没有体现结果的时间管理就不能称之为时间管理，没有达到目标的自律也不能称为自律。"

自律最大的挑战在于：自律其实是反人性的。即便用最高科技的工具，按最合理的科学方法，用最符合生物钟的方法规划好时间，并严格恪守得到了很大的收获，你的内心还是会不断呼唤你歪倒在沙发上刷手机、追美剧、和朋友瞎聊。

所以，为了战胜无时不在的诱惑，我们需要时不时地重温一下目标，配合着各种短期、中期、长期的目标。

自律是一个非常漫长的过程，可以说是终生的过程，一定要注意不能在自律的过程中丢掉目标，没有目标的自律是瞎自律。如果一个人长期无目标地疲劳奋斗，自律就是空谈，依旧会身心俱疲且内心无比迷茫。

- 将行为和目标结合起来

要埋头奋斗,但也要经常抬头看看,看方向、看速度、看环境、看……总之,定期对自律过程的成绩和不足之处进行反思,有着非常重要的意义。具体做法如下:

(1)自律的过程要睁眼看路

蒙着眼睛走路,人是不可能走直的。走路必须要睁眼看路,还要双眼一起用。自律的过程也要睁眼看路,哪怕不用时刻紧盯,也要一段时间后就抬头看看,当下正在自律的行为和努力做的事情是不是和目标保持一致。

(2)自律的过程要不断矫正

如果发现自律行为和目标偏离了,需要及时调整。比如某学生必须考GRE,但看到其他同学都去考驾照,也开始着手准备,每天的计划里多了学驾驶一项。这就需要调整了,因为考驾照和考GRE根本不搭界。

(3)自律的过程要张弛有度

尽管自律离不开恒心,但生活还是要张弛有度,一味地紧张并不是自律的本意。比如GRE考过后,可以规定出一小段时间让大脑和身心放松一下,以便进入下一阶段的目标。但要注意必须严格按照规定的时间进行,不能轻松起来没完没了。

被动型自律:为"自律的感觉"而自律

自律是为了什么?

如果我们不能回答或者答不对这个问题,那就说明,即便采取自律的措施,也是错误的自律,是被自律牵着鼻子走。

对于这个问题,很多人大脑中闪现的第一个答案是:自律就是为了得到自律的行为,进而得到成功。我们可以更加简化一些,将这种观点概括为"为自律的感觉而自律"。很多人都在为了实现"自律的感觉"而努力,他们认为只要得到了自律的感觉,自律就自然得到了。

场景:

L小姐热衷于品茶和做布艺手工,每天除了工作以外,傍晚至少要花费4个小时做这两件事情。七八年过去了,有人认为她已经相当了解茶道了,可一问才发现,她竟然对茶叶什么都不懂。至于布艺手工也是做得一塌糊涂,根本拿不上台面。

为了爱好可以坚持七八年,不能不说很自律了,通常情况下,应该可以取得不小的成绩了,可是L小姐的自律却什么也没能取得。原因就在于她追求的自律不是行为本身,更不是目标性的,而是感觉性。她醉心于每天几个小时的品茶和做手工,这种自我约束让她得到了自律的假象，认为自己没有浪费时间。可是，这种自欺欺人的自律和浪费时间有什么区别呢？

自律是一种行为，是为了达到某种目标而形成的自我约束的习惯，最终自律可以转化为成功所必须的能量；而自律的感觉仅仅是一种内心的感觉而已，往往是虚化的。

自律应该是为目标服务的，是最终实现目标的一种自我约束。而自律的感觉只是为了满足心理对于自律的愿望，但究竟是为了什么自律，自律的最终获取的是什么，都不知道。

- "回馈分析法"，为自己的长处而自律

多年前，好友Q是一名普通的上班族，经历过几次跳槽，在最后一家公司工作时，经常听到一句话——工作量不饱和。这是一句令人讨厌的话，每名员工都深受其害，因为需要没日没夜地完成上级交待的任务，还要抽出一部分精力应付时常会突然出现在计划之外的工作，而公司领导还在一直抱怨"工作量不饱和"。

遇到这种情况，心里烦躁是一定了，用一句流行的话讲，就是"这不是我想要的生活"。不想要怎么办，两种选择，一种是继续为了不想要的生活努力；另一种是离开，为了想要的生活而努力。好友Q选择了后者，如今看来，他做了一次明智的选择。当然，我和我的朋友都不是鼓励大家对工作不满意就选择辞职。而是假如这份工作已经让我们身心俱疲，更重要的是还不是自己想做的，那么离开就是最好的选择。毕竟人生的路不是只有一条，只要我们放眼去看，会发现还有很多条路。

放眼去看也是要有一定的方法，而不是茫然地站在原地随意眺望。这里有一个办法可以运用，就是"回馈分析法"，这个方法可以为我们指明方向。美国著名的管理学大师彼得·德鲁克在他的《21世纪的管理挑战》中，在谈到"自我管理"时，极度推崇回馈分析法。操作方法是，每当需要做出重要决定或采取重要行动时，可以事先记录下自己对结果的预期，再经过9~12个月的冷静、观察、尝试后，将实际结果与自己的预期做比较，得到好的结果，就按照预期做出改变，得到不太好的结果，可以暂缓进行改变。当然，改变并不一定局限于辞职，可以是生活中的任何改变方式。

朋友Q在辞职的前一天，他已经坚持跑步7个月了，并每天在公众平台上更新一篇跑步的文章。这并不是什么大事，但却可以检验自己自控的能力。想一想，在工作如此繁重的情况下，竟然连续坚持跑步7个月，还做了分享。这件事给了朋友Q很大的自信心，他认为自己不必再为一份工资而去坚持这份很不喜欢的工作，有了这种自律能力，他可以勇敢地尝试做任何事情。

而且，在跑步的过程中，他还发现了自己的长处，那就是健身方面的能力和很棒的身体基础。如今，朋友Q是非常出色的健身教练，还开办了自己的健身工作室。

德鲁克在书中这样写："多数人都以为他们知道自己擅长什么，其实根本不是这样的。"

的确，现实情况就是人们根本不知道自己真正擅长什么，有些人将爱好当作擅长，有些人则把机械性的工作当作了擅长。但是，一个毋庸置疑的现实是，一个人要想有所作为，必须靠发挥自己的长处，从事自己最擅长的工作，才能最快速、最成功地取得成绩。

● 列出多任务清单，清除垃圾烂任务

很多人为了达到"自律"，什么任务都不放过，眉毛胡子一把抓,或者刻意选择一些难度很低的任务去实施,目的就是表现自律的状态。要想自律真的成为属于我们的一种能力,就需要对任务清单进行清理,将无关紧要的无聊事情、难度很低的劣质事情都剔除,只剩下重要的、关键的、紧迫的事情,将有限的时间投入最有意义的任务中。

那么,如何清理任务列表呢?解决办法是:先将所有想要完成的任务都写下来,列成一个"初步任务清单"(图8-1)。比如,我的初步任务清单包括:工作、思考、学外语、会客、读书、娱乐、打球、旅游、休息、刷微博。

在所有这些待完成的任务中,紧迫程度必然有差别。我们的工作顺序必须按照轻重缓急有所划分,否则会产生工作性焦虑。一边紧张地进行着工作,一边却焦虑难安,原因就是身后总有一个更紧要的任务在催逼着。

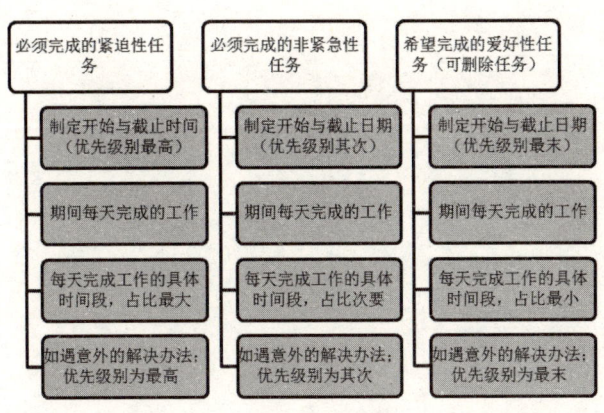

图8-1 "初步任务清单"图示

为任务列初步清单的目的是要筛查任务的必要性,那些没用的烂任务,必须删除。也就是存在于"希望完成的爱好性任务"这项中的任务，可以有选择性地剔除，甚至可以全部剔除掉。例如，我的初步任务中有一项是"刷微博"，它就属于可删除的范围，更精确地说是必删除的项目。如今刷微博已经悄然进驻到很多人的任务清单中，每天几小时刷下来，你的人生将被刷得一文不值。

　　此外，在任务列表中，我们可以找到那个"钥匙性任务"，这个任务的作用是先完成它可以使其他任务做起来更加简单，那么就要加大完成这项任务所需的时间。比如，某人的钥匙性任务是学英语，只要学好了英语，他现在面临的困难将减少一半。那么，他必须要更加努力地去完成这项任务。

表象型自律：自导自演的"勤奋"

自律需要踏踏实实地实施，不是做表面文章。但有些人却偏偏不踏实，而是选择当自律的演员，演出一份让自己赏心悦目的自律，我们称这种自律为"自导自演的勤奋"。这种错误的自律有三种表现形式：

（1）广度上没有限制，贪多

认为自律就是同时进行自我约束的事情越多越好，于是，眉毛胡子一把抓，不分主次，不分优劣，一起全上。但现实是这种做法并不可取，自律不是一窝蜂地齐上阵，那样很容易造成意志力"肌肉"疲劳，而是要把事情一件一件地做好，通过不断进步改变自己。

（2）深度上没有尺度，较真

认为努力就是将所要做的事情全部都做到分毫不差，如果差一点，就不原谅自己。自律不是自虐，自律的过程中难免会出现错误和意志力薄弱的时候，此时最应该做的是分析总结导致坏状态出现的原因，然后重新制订以后的计划，让自律逐渐沿着正确的路线走下去。

（3）方法上没有制约，乱来

认为只要是方法就要尝试，认为别人用过好使的方法，自己拿来使用也一定会好使。但现实是每个人的实际情况不同，经历、环境和事态起因都不相同,别人成功的方法也许对于你几乎都不好用。正确的方法是根据实际情况制定出最合适的方法。

下面我们根据上述三种错误的自律观点进行进一步阐述。

● 自律不是做得越多越好

贪多型自律,是将自己的所有时间都安排满,不浪费一分一秒。但效果真的会好吗?跟大家分享《稀缺:我们是如何陷入贫穷与忙碌的》一书里的观点:生活中不能没有余闲。同样,像柳比歇夫那样惜时如金的人,也没有将所有的时间都排满了工作,而是每天都有不少的休闲时间,读读书、看看报、听听音乐等。

经济学领域有个著名的理论:在经济上没有闲余的是穷人,在时间上没有闲余的是整天忙碌却没有收效的人。

这是犹如悖论一般的理论,忙碌竟然等于没有收效!其实,这个理论不难理解。如果每天将计划表安排得很满,没有一点空余时间,每时每刻都在专注地工作,就容易被突发事件打乱节奏。人的意志力"肌肉"是有极限的,人的精力也是有限度的,因为没有闲余时间来处理突发事件,就需要拆西墙补东墙。但还有各项自律的任务在那里虎视眈眈,如此一来自律就变成了压力,逐渐使人陷入忙乱中。

许多人看起来很自律,却根本无法做到真正的自律,就是因为一开始把时间安排得太满,将自己拉伸在极限的强度上,无法再延展了。

因此,如果你想做到有效自律,就必须先从一件事情做起,不要贪多,将这一件事情做好,再将接下来的每一件事情做好,自律自然成功了。例如,计划100天就做跑步这一件事,每天在固定的时间跑固定的长度,不额外加码。如果能够坚持下来,对于自信心的建立将有很大的帮助,当你在一个时间段里完成了一件之前认为不可能完成的任务,就会慢慢喜欢上自律的感觉。

从明天起，跑步、读书、写日记，或者其他别的项目，任选一样吧，只要开始，自律会把你带入充满惊喜的世界。

● 这个世界不存在完美，切勿较真

自律是对生活状态的约束，尺度则是对自律的约束。

为什么要对自律进行约束，不是越自律越好吗？其实，任何事情都要有尺度，不仅是自律，任何事情过度了，都会造成伤害。想一想，如果在方方面面都要求自己做到极其自律，每时每刻都要求自己将事情做到极致，这样的环境是不是会让人窒息？但这还不是最恐怖的，很多追求完美的人，做每一件事情都要求完美无缺，若是有一点不完美，都必须重新来过，直到完美为止。看起来这是对自己的高要求，实则是对自己的折磨。任何事情都无法做到完美，执着于完美如同进入死循环，终其一生都不会得到想要的结果。

我们需要自律，需要很自律的状态，但也需要让精神有休息的家园，这个家园就是自律的尺度带给我们的。

● 适合自己的方法，一种就足够了

开始想要自律时，我们都会热衷于搜罗和学习各种方法，并且希望找到的方法越多越好。然而我们不可能每一种方法都尝试一遍，因为既没那个时间，也没那个精力。最好的方法就是通过对自己和对客观环境的了解，找到一个适合自己的方法，这个过程可以进行少量的几种尝试，用以分辨方法的优劣。一旦找到后，就将方法固定下来，以后长期以这种方法约束自己，即使其中的内容会更换，比如由读书换成跑步、由写9000字变为写6000字加上做瑜伽一小时，等等，而自律的方法不变。

有一种著名的自律策略叫"吃掉那只青蛙",是鼓励大家先做最重要、最困难的任务。我在实践之后,认为这个方法很适合我。而有人却觉得很不适应,因为开始就强迫自己完成最艰巨的任务,这会令人产生畏难心理,进而造成各种拖延。这些人认为先去完成最简单、最有兴趣的工作是适合自己的,通过这些初级工作渐入佳境后,自然就能投入工作中,然后再专注地去啃"最硬的骨头"。

选择型自律：只为"大目标"制订"大计划"

很多人有这样一种思维：大事情必须重视，小事情不必在意。于是，很多人在面对小事情时懒散，只等待大事情的出现，然后再紧张努力起来。可是现实的情况总是不如他们所愿，小事情常常来袭，大事情却不见踪影。于是，他们找到了不用自律的借口，"看，都是些小事情，努力做这些小事情有什么用呢？"

以糖尿病为例，这是一种不可治愈的慢性致命性疾病，但现代医学已经可以控制它了。医学上需要定期口服或注射胰岛素，生活上需要采取"管住嘴、迈开腿"的方式，就能预防疾病对身体的伤害，使自己活下去。但每年还是会有许多人病情恶化，昏迷、失明、截肢甚至死亡。原因无非有两种，一种是不坚持按时用药，另一种是管不住嘴、迈不开腿，也或者两种都有。为什么这些人明知自己有病，还如此不重视身体呢？其实，在疾病没有恶化之前，人们往往不能真正认识到这种病的厉害，总抱着侥幸心理，认为暂时没什么大事。在"没大事"的时候让他们进行自我约束，是一件有难度的事情。于是，侥幸心理在此发作，"这病也没说的那么严重，什么都不耽误，也不用控制，真的到了严重时候再控制吧！"

糖尿病患者的病情走向是自己能决定的，但因为日常对小事情的不注意，导致病情加速恶化，等于在最不起眼的细节上摔了跤，在最该坚持的地方没能坚持。

我们换一个角度继续讨论不重视小事情的错误现象。如果平常从来不重视小事情，不为小事情制订计划和努力自律，那么，当有大事情到来时，会是怎样的表现呢？会在大事情到来时做到不慌不乱吗？会很自然地想到处理大事情的合适方法吗？会在为大事情自律时做到坚持不懈吗？我想这些问题的答案都是"NO"。人的任何能力都是需要平时不断磨炼才能得到的。平时没有自律的基础，大事情来了也自律不起来。

总之，不积跬步，无以至千里，千山万水的旅程也是一步一步完成的。任何大目标都是由各个小事情累积起来的，解决了小事情，大事情自然解决了；小事情做好了，大的麻烦也不会来了。

- "ABC 分类法"——每一秒都做最有效率的事情

场景：

某学生决定考GRE，距离考期还有一年，他制订了一个为期一年的复习计划。但执行的效果很差，这一年里他做了太多与考试无关的、原计划中没有的事情。在距离考试只剩下一个月时，他才意识到危机，再不复习就彻底没有时间了。可是，虽然这一个月他很努力，但最后他依然没能考过，毕竟复习的时间太短促了。

现实中和这位学生经历过相似情况的人有很多，总是在完成任务的时候分不清主次，将大量时间消耗在根本不必要或者暂时不需要的事情上。与此相对的，是分得清楚主次，抓得住主要对象，将主要精力集中在最重要的任务上，直至这个任务完成。

要达到后者的境界,需要借助一个有效的方法——ABC分类法(图8-2)。根据科学研究表明,在处理工作任务时,使用ABC分类法的效率会很高,在处理日常事务上,ABC分类法的效率也是显著的。

"ABC分类法"又称"帕累托分析法",由意大利经济学家维尔弗雷多·帕累托首创的,是根据事物在技术、经济或者时间要素的主要特征进行分类排队,分清重要、次重要或一般,从而有区别地确定管理方式的一种分析方法。通常把被分析的对象分为A、B、C三类,当然也可以有D类、E类等,可根据自己的需要分类。

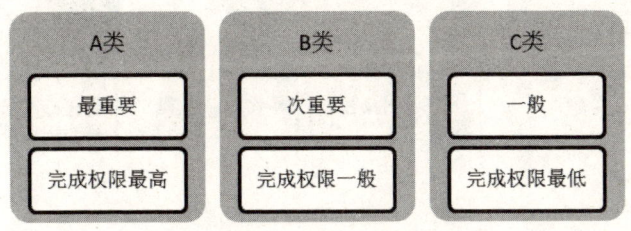

图8-2 "ABC分类法"图示

ABC分类法的具体使用方法很简单,就是先按照事情的重要程度进行分类,重要的事情归为A类,次要事情归为B类,不重要的事情归为C类,然后依照重要程度依次处理A类事情、B类事情和C类事情。

帕累托认为:A类的重要程度最高,但总数中所占的比例很小,及时专注地处理这部分事情,会得到很好的结果。当然也不能忽视B类和C类,它们虽然只得到比A类相对少得多的注意,但不代表可以不去完成,只是占用的时间比例要少很多。

- "GROW模型"的应用

"Grow模型"由英国管理学大师约翰·惠特默提出,可以在生活和工作的很多不同地方运用,它的主旨为理清现状、减少某些事情产生的干扰,使执行人从内心找到对应的办法。

GROW的意思是成长,帮助自己成长。G(Goal Setting):确认目标;R(Reality Check):分析现状及客观事实;O(Options):寻找解决方案;W(Way Forward):制订行动计划和评审时间(图8-3)。

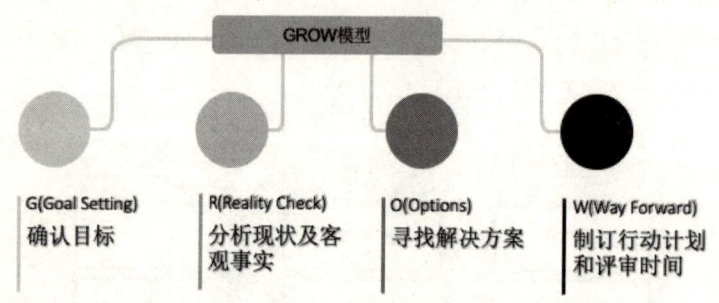

图8-3 "GROW 模型"图示

GROW模型的具体运用有四个步骤:

第一步G,即目标。通过一系列启发式的问题帮助自己找到真正期望的目标。

第二步R,即现状分析。围绕目标搜索相关事实,发现问题,分析原因,设身处地地倾听,发现更多的可能性。

第三步O,即解决方案。由于自己看到了更大的现实可能性,从而开启思路,探索更多的方案选择,找到最佳的方案。

第四步W,即总结与具体行动。充满热情地去行动,并予以支持和检查,再次进行阶段性的调整,直到达到目的。

以下是"GROW模型"的一些示例,惠特默在他的专著《高绩效教练》中进行了深入地探讨,我们梳理出以下常用的有效问题供大家参考和运用。

G（目标）：

（1）从长远看，你要达到什么目标？

（2）你想在什么年龄段达成这个目标？

（3）你通过看到什么、听到什么、感觉到什么，让你知道取得了进展？

（4）对于这个/这些目标，你个人有多大的控制或影响力？

（5）在达到这个/这些目标的过程中，有什么可以作为里程碑？

（6）这个目标是积极的、有挑战性的、可达到的吗？

R（现状分析）：

（1）现在的现实情况怎么样？

（2）直接和间接涉及的人有谁？

（3）如果事情发展得不顺的话，还会涉及谁？

（4）如果事情发展得不顺的话，对你来说会发生什么事情？

（5）到目前为止你是怎么处理的，结果如何？

（6）是什么使你不敢向前？

O（解决方案）：

（1）要解决这个问题，你有哪些办法？

（2）你还会做哪些事？

（3）如果在处理这个问题上你有更多时间的话，你会做什么努力？

（4）如果你只有很少的时间，你会被迫做什么尝试？

（5）如果有人对你说："钱不是问题"，你会做什么样的尝试呢？

（6）你最终应该怎么做？

W（总结与具体行动）：

（1）你选择哪个/哪些办法？

（2）采取这个/这些行动，你个人有什么阻力？

（3）你怎么消除这些外部和内部的阻碍因素？

（4）你需要什么支持？由谁来提供这些支持？

（5）要完成这些行动，按1~10分算，你的承诺是几分？

（6）是什么阻碍你没有达到10分？

（7）你可以做些什么，把分数提高到最接近10分？

速成型自律：今天越过的坑，明天依然在

自律是长期的过程，短期想要达到自律是不可能的。但人的天性是喜欢享乐的，馋了就去吃顿大餐，没事就窝在沙发上刷手机，一边吃零食一边看美剧，多舒服啊！如果能持续这种状态，又能实现自律该有多好？因为有了这种想法，导致了速成型自律心理的产生。

通过"速成"这个词我们就明白了，和希望得到速成成功学同样的心理，这种速成型自律也希望是快餐形式的，一经尝试便能拥有。

许多人在制订自律计划之前，就设想速成，计划制订的时间很短，几十天、十几天、甚至仅仅几天。之所以会这么短暂，是因为他们将每一次改变都视为是永久性改变，认为今天通过自律克服了这个缺点，就算战胜了这个缺点，明天开始解决另一个缺点，在一天一个的进度下，缺点很快就被"改造"完毕。但真实情况与他们想象的完全相反，缺点是长期的坏生活和工作习惯导致的，已经形成了惯性，怎么可能凭借一次半次的改变就彻底消失呢？真正的改变需要长久地坚持，让好习惯来替代坏习惯，还要时刻严防死守坏习惯卷土重来，坏习惯才能彻底消失。

场景：

某人制订了一份读书计划，刚开始几天还能坚持，坚持到第7天时

被自己感动了，认为自律也没什么大不了的，"一周时间到了，我已经养成了读书的习惯了，没必要再跟自己较劲了。"于是，他回归到了从前的生活状态。

每个人都有对于成功的向往和好奇，因此每件事在刚开始做的时候都充满了干劲，即所谓的"三分钟热度"。但自律不是一朝一夕形成的，这种状况只能导致前期的努力前功尽弃，今天越过的坎，明天依然存在。

- 稳定注意力，尽量避免"齐加尼克效应"的出现

法国心理学家莫罗·齐加尼克做过一次实验：他将志愿者均分为两组，让他们同时去完成相同的20项任务。其间，齐加尼克和助手对其中一组不断施加干扰，各种噪音、各种打扰和各种施压。而对另一组不仅不干扰，还创造了非常好的环境。

实验得到了不同的结果，受干扰组未能完成任务，未受干扰组顺利完成了任务。虽然所有志愿者在接受任务时都或多或少显现出了紧张状态，但完成任务的一组，在任务结束后，紧张状态也随之消失，未能完成任务的一组，在任务结束后，紧张状态持续存在。这就是心理学上著名的"齐加尼克效应"。

人们渴望自律速成很大的一个原因，是因为自律过程中一直存在的干扰现象让人无法静心。干扰通常指的是各种诱惑，比如早上应该起床跑步，却迷恋被窝的暖意迟迟不起来；应该从上午8:00开始工作，却一直放不下正在刷微博的手机；明明到了该睡觉的时间，却面对着美剧入迷地欣赏着……

自律意味着，需要在你以前吃喝睡觉享受的时间做些什么，这种心理和生理的双重折磨，是渴望自律速成的根源。但是，为了养成自

律的习惯，我们必须和这些诱惑对抗，让"齐加尼克效应"发挥不出威力。

首先，必须明确问题的核心在哪里。比如，需要起床时不起来，因为没意识到问题核心是要锻炼身体，而不是是否离开被窝。

其次，注意力应该集中在哪里。注意力必须集中在最应该集中的地方，而不是任由性子决定。比如，开始工作时却将注意力集中在看微博上，这显然是非常错误的。

明白了这两点，即便有再大的干扰，注意力也会稳住不动，执行力才会一直保持，从而有助于形成自律。

- 练就"时间透视力"

美国普林斯顿大学对个人成功因素做了一个纵向调查，试图找出一些影响人们成功的因素。他们研究的因素有教育、智力、家庭、社会背景等。经过反复研究，他们认为最重要的一个因素是"时间透视力"。

所谓"时间透视力"，指当你计划每天的事情和活动的时候，你所能考虑的时间长短。如同下象棋时的看步骤，厉害的高手可以看到几十步以后，而普通的爱好者只能看到十几步，新手也就看两三步。

时间透视力长的人能够使自己做的每一件事情都成为长远目标的一个部分。平均而言，专业人士的时间透视力可以达到10年、15年甚至20年，而时间透视力短的人通常只关注短期的快乐和眼前的享受，最终沦为失败者。

自律恰恰和时间透视力长的人配合得最为默契，他们很明确地为自己的自律设定了方向和具体任务，然后一丝不苟地执行着，久而久之，自律成了实现目标最大的助力。

自苦型自律：一不小心，就自虐了

自律等于自虐！你认为这是正确的吗？我想凡是有正常思维的人，都不会认为这是正确的。的确，这是不正确的。但现实中不乏肯定这个问题的现象，将自律演绎成了自虐却不自知。

场景：

A先生决定锻炼身体，希望自己能参加业余马拉松比赛。于是，每晚昏暗的路面上出现了一个经常跑到呕吐的人。他的结局：因为尿血住进了医院。

B先生也决定锻炼身体，他的目标是冬泳。于是，冰窟窿里经常会出现一个被冻得浑身抽搐的人，被其他冬泳爱好者捞上来。他的结局：患上了严重的风湿关节炎。

C小姐决定提高工作效率，每天由写6000字提升到写14000字。于是，一个不修边幅、神情呆滞的女士出现在人们面前。她的结局：得了重度焦虑症和恐慌症。

如果我们写一本书，名字就叫《那些年我们一起做过的"丧心病狂"的事》，上面这三位都能够入选。没有长跑基础，就去练马拉松！没有经过长期锻炼，就直接跳进冰水里！没日没夜地完成几乎不可能完成的任务。他们希望利用这种自虐式的自律达到目的，但最后的结局说明了一切——当自律过分了，自虐就出现了。因此，自律过程中一定要严防自虐出现。

- "发狠"必须正确

场景：

上学时期的一次暑假，我向同学借了一本特别好的电脑书，为了将里边的关键内容记下来，我连续10天从早上4:00开始抄写，一直写到凌晨1:00。最后全部抄完了，然后连续几天都是昏昏沉沉的，吃不下饭，就是想睡觉。

"发狠"意味着你在内心激起一股强烈的对抗超级自律而引发的痛苦的能量和勇气。发狠是一种短期内无比强大的驱动力，但却不能长久地使用它。因为"发狠"是一件很累的事情，它会消耗你很多能量。但凡你曾经发过狠，你就能深刻体会我那时候的感受。因此，使用"发狠"，需要正确的方式。

我们需要把"发狠"与"习惯"进行平衡。习惯是可以长久维持的动力，而发狠不行。我们需要在某个时候进行切换，从发狠的高动力模式，切换到"习惯"的低阻力模式中去。

首先是坚持。在大多数事情上，只要你有足够的狠劲突破了初始时期的困难，身体与心理就会产生自发性的自律倾向，从而降低你所感受到的痛苦。

比如：坚持跑步一个月，你的身体会慢慢地习惯，心肺和腰腿都没有刚开始跑步时那么痛苦了；坚持做数学难题几个月，你的大脑和心理会慢慢地习惯；坚持听快速的英语录音几个星期，你的耳朵和大脑也会慢慢习惯……

其次是稳定性。习惯形成的精髓在于稳定,越是稳定单一的事情,越容易形成习惯,你感受到的痛苦也就越少。

比如,先用狠劲来驱使自己进行跑步锻炼,但接下来必须用稳定性来巩固这个新兴的习惯,可以尝试时间的固定和内容固定,规定在每天晚上19:30去跑步,每天跑3000米。如果时间不固定,第一天晚上19:00去,第二天变成早上7:00去,第三天又变成中午11:30去,今天跑3000米,明天跑800米,后天不跑了,这些变动的节奏只能让习惯的形成更加困难,最终导致习惯无法形成,而且每进行一次都会体验到更多的痛苦。

除去时间和内容稳定外,还有环境稳定、流程稳定等。总之,注意了稳定性以后,习惯的形成会更容易很多。

- 采用周期性循环升级的方式

自律不是自苦,更不是自虐。自律需要循序渐进,最好采用周期性升级的方式。可以在准备开始改变的时候提前制订出一个比较容易完成的小型任务,并设定一个短周期。在这个周期完成后,自己已经有了一定的习惯、状态、节奏的积累,再加大任务的程度。这个类推的过程中,不论是要改掉坏习惯还是要增补好习惯,都要渐次推行,不能一下子迈太大的步伐。

比如,从来没有看书、写作、健身习惯的人,现在决定要改变生活状态,绝不能一开始就制订每天看半本书、写10000字、跑5000米的这种计划,这样的"非人计划"恐怕还没开始执行,就把自己吓退缩了。一开始要制订一个"温和计划"(图8-4),每天看10页书、写300字的日记、跑400米。对于必须要甩掉的坏习惯,也采取这种方式,一下子不让我们刷手机还不如让我们"死"了呢!但如果现在规定每天只能看两个小时的手机呢？这样还是可以的，相较于现在一看就是半天，每天只看两个小时，能节省不少时间。

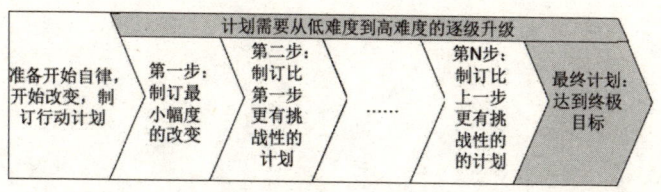

图 8-4 周期性循环升级

当上面这个小目标的计划执行得很好以后，就可以给自己加码了。每天看20页书、写800字日记、跑1000米、看一个小时的手机。等到这个计划又执行得很好之后，再继续加码。以此类推，那个曾经的"非人计划"终有一天会被实现的。

最后，我们以拉尔夫·爱默生的一句话共勉："一心向着自己目标前进的人，整个世界都会给他让路！"

第 九 章

高水平自律下的
自开发

CHAPTER

　　强化自律，不仅仅是为了形成一种状态，也不仅仅是提高效率，最根本的原因是通过自律不断挖掘自身能量，实现自主的、有品质的、递进式的自开发过程。

自律，唤醒沉睡的"赋能"

在进入本章之前，我们先来了解一个概念——赋能。赋，就是天赋；能，是能量。综合起来，就是"天赋的能量"。天赋虽然是我们天生带来的一种能力，但却不一定能够终身携带，如果我们没有很好地认识和利用我们的天赋，天赋是会抛弃我们的。因此，很多具有智慧的人，是不敢慢待自己的天赋的，不仅悉心保护，还会不断为天赋增加能量，将"赋能"真正成为引导自己人生走向的指路灯。

那么，如何给自己的天赋添加能量呢？我们来看一件真实的事情。

我的一位亲戚，毕业于一所非常普通的大学。读大学前，父母用了很激烈的方式逼着她考会计专业，因为毕业后好找工作。她怀着郁闷的心情进了大学，那时她很焦虑，清楚自己对会计一点儿兴趣都没有，更谈不上天赋了，怎么可能学好呢！果然，第一学期就出现了挂科。

其实，在她心里一直梦想着跳舞，虽然现在的年纪好像不再适合学跳舞了，可涌动于内心的想法却无法控制住。于是，她正式地走上了跳舞之路，先买书自学，又攒钱去找专业老师辅导。在跳舞这方面她不但有兴趣，也的确有天赋，比一些年纪小的孩子学得还快还好，辅导老师很感慨，这么好的苗子怎么当初就耽误了呢！

在舞蹈道路上一路飞驰的后果是，专业课成绩越来越差，全部挂科。她不得不和父母商量，她的意见是，自己将全力学习专业课程，达到可毕业的标准，但毕业后不会去做会计，而是要追寻自己的兴趣。父母看到了女儿为了追求梦想所付出的努力，也感觉有些愧疚，同意了她的意见。

此后，她一边努力读书，提高专业成绩，一边继续学习舞蹈，还经辅导老师介绍从事了舞蹈方面的兼职工作。在别的同学都为寻找实习场所而焦虑不安时，她已经每个月有四五千元的固定收入了。顺利毕业后，她回到家乡的城市，正式成为一名舞蹈教练，很受学员们的喜欢。5年之后，她创办了自己的舞蹈教室。如今已经是拥有两个大型健身房和一个舞蹈学校的成功人士了。

我亲戚的经历告诉我们，当你发现自己所爱的时候，只要努力去实践，会像变魔术一样充分发掘出自己的最大潜能。当然，如果不去努力，你的天赋就会永远沉睡。那么，如何将天赋的能量发挥到最大呢？

● 寻找兴趣和天赋，避免成为迷茫的人

为什么认清自己的天赋如此重要？有时候我总在想，所有默默无闻的普通人，如果都能找对自己的方向，并为之努力，是不是每个人都会是成功者？这个问题如果不好回答，我们可以反过来进行另一种设想，如果比尔·盖茨的努力方向是成为历史学家，迈克尔·舒马赫则变成一名程序员，科比·布莱恩特选择踢足球，马特·达蒙去研究数学，那么，他们会取得多大成绩呢？一定不会有太好的成绩，更大的可能是非常平庸。不是因为他们不够聪明，也不是不够努力，而是没能核准天赋，走对道路，没有将天赋开发出来，从而失去了将潜力发挥到极致的可能。

因此，找到自己的兴趣非常重要。如果做的事情是自己最喜欢的事情，那么你会在吃饭、睡觉、洗澡甚至上厕所时都在想着这件事情，想不成功都难。如果做的事情不是自己喜欢的，而是看在薪水的面子上勉强为之，不但不会利用一切时间去思考，反而会在应该思考的时间走神，该努力的时间选择放纵自己，最终成为一个无助迷茫的人。

● 坚定内心的方向，避免成为焦虑的人

美国社会心理学家利昂·费斯廷格说："只有自律和兴趣结合起来，自律才最有作用，兴趣才最有能量。"

我们必须要认清楚自己，知道自己想要成为一个什么样的人？自己的兴趣在哪里？天赋在哪里？思考这类问题，必须摈弃过去那些"以他人为主"的错误认识，重新建立"以自我为主"的正确认知。通常情况下，"以自我为主"都不是好的选择方式，但在为自己选择未来道路方面，一定要以自我为主。

我们不能再将自己想要成为什么样的人这件事，跟别人认为我是谁或者别人想要我成为谁联系起来。别人的认知和我们的想法没有丝毫关系，无论是家长、老师、亲友、同学、领导等，都不能决定我们要成为什么样的人，毕竟他们想要我们成为的人，不一定是我们真正想要成为的人。

● 坚持走对天赋有利的路，避免成为投机的人

场景：

某人在大学学的是自己喜欢的专业——计算机通信工程。其中，他最感兴趣的是用户体验设计的专业。除了课堂上教授讲的，他还在网上

自学了更多相关的课程。随着大学生活的深入，很多同学都在忙着学习各种各样的技能，"艺多不压身"的观点充斥在学生们的心里。看到有些同学拿到了各种证书，他的心里也开始发痒。于是，他决定先暂时缓一缓，考一两个证书，最起码要把驾照考下来。他的那些设计师朋友都不赞成，有的以"过来人"的身份劝他说："学那些东西根本没用，都是在浪费时间。你现在应该将最爱好的领域学精，这对你帮助最大。"可是他没能听从，转而去学了几个毫不相干、但听起来很酷炫的行业。转眼毕业时间到了，他才发现自己的能力根本不足以在自己喜欢的行业找到一个好职位。

而同样对用户体验设计感兴趣的另一个人一毕业就被知乎团队聘为用户体验负责人。这个人从进入大学到毕业，从来没在其他事情上浪费过时间，读书期间额外学习和兼职打工都围绕着用户体验设计，所以积累了大量的经验。

这个故事告诉我们，在求知的路上不能太功利。千万不要因为你的某个职业规划或者盲目追随别人的脚步，就去学那些目前用得上、有帮助的技能，而放弃那些你真正有兴趣、有天赋的领域。

斯蒂夫·乔布斯说："我们的人生面临各种选择，应该追随我们的心……你在憧憬未来时不可能将以前积累的点点滴滴串连起来，你只能在回顾过去时将它们串连起来。所以，你必须相信，当前积累的点点滴滴，会在你未来的某一天串连起来。你必须相信某些东西——你的勇气、目的、生命、因缘，等等，相信它们会串联起你的生命，这会让你更加自信地追随你的心，甚至这会指引你不走寻常路，使你的生命与众不同。"

素质冰山模型：水面下的巨大能量

欧美科学界有一句话："一心想得诺贝尔奖的，得不到诺贝尔奖。"

我国学术界也有一句话："不要急于装满口袋，先要装满脑袋，脑袋满的人最终也会口袋满。"

场景：

李开复先生创办的"创新工场"曾经考虑投资一位高姓创业者。高某几乎拥有创业者需要的所有才华，不但懂技术、懂产品，还有创业经验，也有在大公司任职的经历，口才很好，非常自信，还很年轻，30岁出头。在任何风险投资者眼里，他都是一个必须要追捧的创业者。高某跟几位高级投资人讲了他的创业计划，听起来很让人激动，几位投资者当时有恨不得立即掏出支票投资的想法。

此时，李开复还是保持了冷静，问道："这个计划多久能做出来？"

高某回答："最多四个月。"

李开复先生是搞技术的，他知道这个产品没有一两年的时间绝对做不出来。就又问道："这个想法为什么和你在现公司做的业务非常相似？"

高某有些惊慌地回答："不会的，不会的，我们有很多新的想法，做出来一定是不一样的。"

听了这两句话，李开复和几位投资者的心里都明白了，高某可能打算从现公司偷窃一些源代码，另起炉灶打造自己的产品。

这位高某就是典型的急于装满口袋的代表，并为了装满口袋而不择手段。其实，如果他踏踏实实地为自己的目标努力，虽然过程会慢一点儿，但根基会更加牢固。

想要将事情做好，个人素质是必须要考虑的因素。一个素质力强大的人，其内心的力量也必然强大，更能抵抗外界的诱惑。比如案例中的高某，如果他不仅仅只具有工作的高素质，还具备性格的高素质，就绝对不会想到要去通过偷窃现公司源代码的方式让自己迅速成功，这种令人鄙夷的做法注定他与成功越来越远。

美国学者莱尔·斯潘塞博士和塞尼·斯潘塞博士从个体素质特征的角度提出了"素质冰山模型"（图9-1）。此模型将个体素质形象地描述为漂浮在海面上的冰山，将个体素质的不同表现划分为表面的"冰

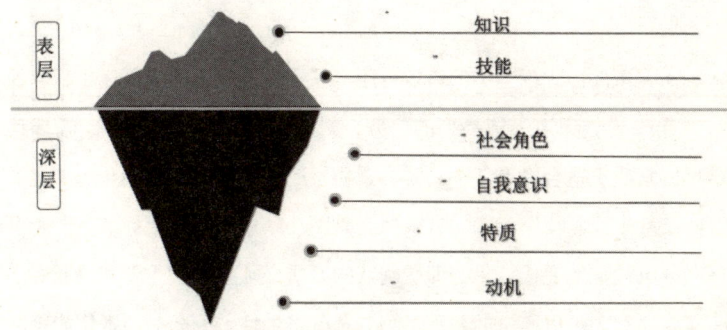

图9-1 "素质冰山模型"图解

山以上部分"和深藏的"冰山以下部分"。

（1）知识，指个体在某一特定领域拥有的事实型与经验型的知识。

（2）技能，指结构化地运用知识完成某项具体工作的能力。

（3）社会角色，指个体基于态度和价值观的行为方式与风格。

（4）自我形象，指个体的态度、价值观和自我印象。

（5）特质，指个体的个性、品质、身体对环境和各种信息所表现出来的持续反应。

（6）动机，指在一个特定的领域自然产生而持续不断的想法或偏好。

知识和技能是属于裸露在海面之上的部分，代表个体的基础素质，是容易被测量和观察的，也容易被模仿。知识和技能可以通过针对性的培训得到，因此，无法通过这部分来区分优秀者与普通者。

动机、特质、社会角色、自我形象等属于深层部分的素质。相对于知识和技能而言，不容易被观察和测量，也难于改变和评价，很难通过后天的培训得以形成，因此，可以通过这部分来区分优秀者与普通者。

- "素质冰山模型"的有效运用，需要遵循一定的步骤

第一步，完成不同类型的任务，对素质的要求也不相同，需要确定哪些素质更适合哪类任务，哪类素质不适合。确定素质适合与否主要有两条基本原则：第一条，有效性。判断一项素质的重要标准是能否显著区分出任务的完成效果，即所确认的素质必须要在优秀者和普通者之间有明显的、可以衡量的差别。第二条，客观性。判断一项素质能否区分完成效果，必须以客观数据和现实反应为依据。

第二步，在确定素质后，要尽量建立起能衡量个人素质水平的测评系统，这个测评系统也要经过客观数据的检验，并且要能区分完成效果。

第三步，在准确测评的基础上，设计出不同素质测评结果在各种不同类任务中的具体应用办法。

总而言之，素质冰山模型为更高效地完成各种任务提供了一个全新的视角和一种更为有利的工具。

● "素质冰山模型"可以概括为7个层级

我们在提升自身素质时，不能仅局限于对知识和技能的精进，还要从动机、个人品质、价值观、自我认知和角色定位等方面进行综合提升。如果没有激情的动机、优秀的品质、正确的价值观等相关素质的支撑，即便技能再强、知识再全面，也无法成为高素质的优秀者。为了更方便地引导我们提升综合素质，我们将素质冰山模型分为7个层级，并对每个层级进行定义和辅助内容（表9-1）。

表9-1 "素质冰山模型"的7个层级

素质层级	定义	内容
知识	一个人对某特定领域的了解。	如：针对性知识、管理知识、财务知识等
技能	一个人完成某项工作或任务所具备的能力。	如：实际操作能力、表达能力、决策能力、学习能力等
角色定位	一个人对未来自己的预期。	如：管理者、专家、高级蓝领等
价值观	一个人对事物是非、重要性、必要性的价值取向。	如：合作精神、共赢精神、吃亏精神等

自我认知	一个人对自己的认知和定位。	如：自信心、乐观、洞察力强、反应快等
品质	一个人持续而稳定的行为特征。	如：正直、诚信、责任心等
驱动力	一个人内在的、能引导和决定个体行为的动力。	如：成就需求、人际交往需求、人生目标追求等

自开发是心智塑造的过程

如今是一个创新的时代,任何领域都要创新。创新就离不开开发,不懂开发也就不懂创新。开发不仅仅是对事物的开发,也包括对自己的开发,称为"自开发"。这是一个新颖的定义,人们都无师自通地知道这个定义的概念——要对自己进行新一轮的开发。但究竟自开发开发的是什么?自开发最主要的体现是在情商上,一个人的情商水平决定了一个人的发展层次。自开发的过程就是对情商塑造的过程。

马先生毕业于美国名校,才华横溢,对技术、产品都很有感觉,口才也非常好,在业内小有名气。虽然业务能力出众,但他性格很浮躁,不够踏实。自认为自己什么都懂,可以驾驭整个团队,可以独立制订商业计划。因此,随着时间的深入,团队的不和谐声音越来越多,团队成员都很反感他的行为方式。马先生希望自己能快速成功,就把更多的时间和更多的资源花在怎么让自己出风头上,而不是脚踏实地地把产品做好。最后,团队的产品做得非常不成功,寻找风投的过程也屡遭失败。团队成员一个接一个的离开,他的公司只能关门大吉。如今的他依然是某个公司的中层,丝毫没有进步。

看了这个案例,我们都会感到遗憾,一个完全有机会成功的人,因为浮躁、更因为自己的情商太低,而距离成功愈来愈远。可以说马先生就是典型高智商、低情商的人,他开发出了自己的产品,却没能开发好自己的情商。

很多风险投资者在寻找投资目标时,都很重视创业者情商这一点,他们常常会询问和考核这些创业者,确保他们做足了除业务领域外更多必须的功课。

● 不断学习和思考,避免成为"功利的机器"

我们的任何知识和能力都来自于学习,任何思维模式都是思考的结果。有了这两样,我们才能成为独特的、真正的自己,如果不再学习和思考,就会逐渐沦为他人的影子和功利的机器,成为缺少情商、人云亦云、舍本逐末的模仿者。那么,要不断学习和思考,需要哪些能力做保障呢?

(1)自学的能力

培养自学的能力并不复杂,你需要学会问"为什么"。一个真正懂得独立思考的人,一定是懂得问"为什么"的人。因为,只有真正理解了一件事为什么如此时,才能举一反三,无师自通。问"为什么",不是简单的问问而已,而是要有一问到底的决心,还需要随时发问,不拘一格地上网问、问同学、问朋友、问邻居……只有这样,你才真正学懂了,学到了。

(2)从理论自然过渡到实践的能力

不要只知道公式是什么、理论是什么,还要有将公式和理论合理运用到实际工作中的能力。也有些人知道要将理论和实践结合起来,却结合得很生硬,生搬硬套一番就算完成了。任何理论都是实践的支撑,任何实践都是理论的延展,两者并不矛盾,应该是顺滑的对接。要懂得在理论中选择方法，在实践中完善方法，最后总结出一套最合适的方法，利于传承下去。

（3）批判式思维的能力

思维不是固定不变的，也不应该被固化不变。最好的思维方式是有成长性的，是既能不断地改变，又能批判地改造。之所以需要这样的思维方式，是因为每一件事情，都有多方看法，不是只有一个非黑即白的答案。培养批判式思维能力的方法是，每碰到一个知识点，不但要学会问"为什么"，还要学会问"为什么不""为什么一定是这样""为什么不可能是那样"，等问题，这会让我们更深入地了解问题的本质和找到解决问题的方式。

- 脚踏实地，避免成为浮躁、贪婪的人

案例中的马先生为什么没有成功？主要原因是他浮躁的性格。毫无疑问，浮躁是很糟糕的状态，浮躁的人没有耐心坐下来学习，也没有耐心提高自己，更没有耐心去接受批评，他们的浮躁让他们只在乎自己的感受，感受好了就继续，感受不好就拐弯或者放弃。

浮躁往往是由贪婪引发的，虽然贪婪是人的天性之一，但不是不可控的，一旦让贪婪失去了控制，贪婪就会导致浮躁，浮躁激发更贪婪，最终会将人彻底摧毁。

在现实中，浮躁和贪婪这两种负面的人生态度，在年轻人身上被一次又一次地看到。而年轻人恰恰是最应该和贪婪、浮躁作斗争的人群，因为年轻人更容易被不公平的环境和不诚信的现象所影响，认为只有向那些贪婪又浮躁的人靠拢，才能取得成功。但他们却忘记了，最终决定一个人能否成功的永远是踏实的努力和正确的方向。

因此，建议每一位年轻人在奋斗的同时，不要将侥幸致富作为动力,一定要脚踏实地,通过一步一步的坚实努力达到目标。

● 正确规范自己,形成好心智所需的好习惯

场景:

一家外企招聘一个重要职位,有三个年轻人凭着过硬的业务能力和良好的形象,走到了最后一关:总经理面试。

一见面,总经理说:"很抱歉,我有点急事,要出去一会儿!"

总经理出去后,三个年轻人等了一会儿,就开始活跃起来,渐渐地聚拢到总经理的办公桌,这是他们很向往的位置。办公桌上有两摞资料。一个年轻人拿起来一份资料,另两个年轻人也纷纷拿起资料看了起来。

十几分钟后,总经理回来了,严肃地说:"先生们,面试已经结束了,你们都不合适。"

"没有啊?我们还在等您啊!"

总经理说:"这段时间就是面试。很遗憾,本公司不会录取乱翻别人东西的人。"

我想这几位年轻人听后应该懊悔不已吧!可他们并不冤,从小到大我们的教育中都有不要乱翻别人东西这一项,这是做人最基本的素质。作为一个业务能力出色的人,却不懂得这一点,是很令人失望的。其实,也不能说三个年轻人不懂,更大的可能性是他们没有重视这种行为吧,认为这种行为没什么大不了的。见微知著,素质往往都体现在小事情上,通过小事情看到一个人的素质,也就能知道如果面临棘手的大事情时,人的表现该是怎样的了。

习惯决定着我们的未来。有什么样的习惯,就会带来什么样的结果,这些都是可以预见的。因此,必须要时刻规范自己,养成良好的习惯,只有好习惯才能生成好心智。

真正的"九能人士"

什么是"九能人士"呢?就是具备成功最需要的9种性格,汇聚这9种性格的人,一定是人人称羡的精英和强者。

这9种性格都是由自律引发的,也就是说,离开了自律,我们几乎不可能养成哪怕是一种优秀的性格,只有自律才能提供给我们养成好性格的沃土。

当我们具备了自律的能力,我们想要达成的所有目标都不再遥不可及,只要拿出自律作为武器,设定好一个计划,然后以自律开路,一项一项地实施并完成计划,就能最终得到我们想得到的结果。

现在我们已经知道自律和养成优秀性格的关联,那么,我们还需要了解究竟要具备哪9种性格才能距离成功最近?

- 第一种,善思的性格。

善于思考是成为成功者的性格基础。一切的想法、观点、解决方法,都是思考的结果。不思考的人生是枯燥的,不懂思考的人等于没有大脑。

思考让我们正确认识自己，思考让我们明确未来的方向，思考让我们坚定地为目标付出，思考让我们不掉进沿途的陷阱，思考让我们尽快走出一些思维的怪圈。

- 第二种，求进的性格。

艾默生说："坐在舒服软垫子上的人容易睡去。"的确，当人失去了进取心，一味地沉浸在当下的舒适或者过去的骄傲中，生活将再也不可能更进一步，只能逐渐倒退。因为没有进取心，对自己的期望值就会降低，容易满足于很低层的现状，任凭大好时光白白流走。只有具有强烈的进取心，才能在奔向成功的道路上长久驰骋。

- 第三种，自制的性格。

自制力也是自控力、意志力，更进一步地结合到具体行为方面，就是自律。拥有自律等于拥有一种取之不尽用之不竭的能量。要想拥有自律，首先就要加强自身自制力的掌控。

自制力是人的一种意志品质，与意志品质成正比。自制力具体指善于克制自己的情绪，能有效地调节和支配自己的思想和行为的能力。自制力分为强、弱、没有三种。没有自制力和自制力弱都是严重的性格缺陷，没有自制力对自身思想、行为和情绪把控的能力都会非常低，因此一定会因为害怕已知的困难和未知的困难而放弃原本计划好的事情。

想要拥有自制力，就要树立坚决改掉缺陷的决心，虽然很难，但如果还对未来有畅想，只能坚持改变，别无他法。

- 第四种，抗压的性格。

谷歌有非常强烈的工程师文化，每做一个产品，都想着突破技术、如何酷、如何难、如何复杂。谷歌工程师几乎不去想用户的需求。当时在谷歌工作的王俊煜认为必须要重视用户体验。他在谷歌任职时因此多次和多人发生过争执,但因为大环境使然,他的声音总是被淹没。虽然压力巨大,王俊煜依然执着自己的想法,坚持在用户体验上下功夫,终于在三四款产品上做出了重要的贡献,得到了那些"资深"工程师的尊敬。

王俊煜的抗压能力非常强大,以一个人抵挡了整个大环境,真可谓大心脏。很多时候,真理就是掌握在少数人的手里,如果我们身处少数,能否坚持住可能决定了我们一生的轨迹。很多事实证明,在这种情况下坚持下来的人,都能成就一番事业。王俊煜后来自立门户,创立了功能强大却简便适用的"豌豆荚"。

当然,坚持抵抗压力也不是靠一句话和一股劲就可以的,需要具体的方法支持。

首先,要有一套自己最熟悉的做事方法。比如,有人喜欢先计划、再论证、再找资源、最后去做;有人则喜欢先做起来、再慢慢调整、最后论证过程和结论。不论怎样,都要先找到自己最熟悉、最擅长的处理事物的方法。

其次,变换不同的外部环境和条件,或者减少时间、或者增加难度,不断反复练习,直到成为自己的一种习惯。再用这一种成了习惯的方法在不同的场合去实践,再调整完善。

最后,成了习惯之后,就不再惧怕任何突变的环境和压力了。

- 第五种,担当的性格。

担当是勇敢者的表现,而成功者无疑都是勇敢者。但很多人在担当负责任这方面做得很不好,遇到了责任就懈怠,需要挺身担当时就退缩。

当一个人开始从拒绝让别人替自己承担责任,转而自己主动承担责任的时候,他才真正拥有了掌控自己行动与人生的决定权。遇到问题不去寻找借口,而是寻求解决方法;不等别人分配任务,而是自己主动完成额外的任务;把自己在学习与试错的过程中遇到的新问题当作成长的机会,养成好的习惯。能够做到如此,我们的能力就会像打怪升级一样越来越强大。随着能力的提升,拥有的环境选择权也相继越来越大。

- 第六种,果断的性格。

很多人做事不够果断,总是磨磨叽叽、拖拖拉拉、患得患失。为什么会这样?一是为了减少犯错误的概率,但拖延本身就是错误,还贻误了大好机会;二是害怕辛苦,果断的下一步就是执行,执行的过程一定充满挑战和辛苦,这是很多人不愿意行动的原因。

现实总是很讽刺的,明明不想果断,但往往在拖无可拖的时候,一些棘手的问题会逼着我们"果断"。这种被动的"果断"就是失败的前兆,因为情势匆忙,来不及深思熟虑,做的时候又难以静心,结果总是很不理想。

由此可见,能够果断处事,在该做决定的时候毫不拖延,根据自己的目标先做出一个决定,然后根据这个决定制订执行计划,不要担心计划不完善,因为在执行的过程中可以有很多调整的机会。况且根本就没有完善的计划,执行才是检验计划的最好方式。

- 第七种,务实的性格。

崔瑾是豌豆荚团队里的一位才女,但她的经历很让人感叹。她于北京大学国际关系专业毕业后,先去申请百度的职位,当时百度刚起步,没有合适的职位,只有一个前台的位置,她答应了。从一个前台做起,经过在百度、奥美、谷歌的积累,她学到了很多。如今,她是豌豆荚的首席运营官,她说自己的成功很大程度来自于当年"做前台"的决定。

崔瑾没有因为自己毕业于北大而拒绝接受一份前台的工作。她愿意从基层做起,虚心地学习。这种务实的精神值得如今每一位急于想要成功的年轻人学习。

成功有千万条路,但每一条路都会经历"务实"的洗礼。再低的职位,只要用心学,都有属于它的那份辉煌。日本"国宝级匠人"新津春子将厕所打扫到了令人窒息的程度,仅仅是扫厕所,如果没有十几年的踏实琢磨,也无法达到世界级的水平。

- 第八种,交际的性格。

每个人都不可能是孤立的存在,"独行侠"只存在于武侠小说里,现实中是无法生存的。如今更是如此,独赢的时代早已一去难返,现在是讲求双赢、共赢的时代,不仅要想办法让自己成功,更要带动或者帮助别人一同成功。朋友是我们的依靠,我们也是朋友的依靠,在相互依靠中共同奔向成功。

但是,交际也不是拍拍肩膀、点点头就能成为知心好友的,需要注意人性中的很多忌讳,要照顾朋友的内心感受,才能做到友谊长存,广交天下。

(1)诚信。诚实守信是取得信任的前提,我们渴望对方真诚相待,同样对方也渴望我们能真诚相待。

(2)认错。人与人相处难免会出现错误或矛盾,此时最应该做的是不能推卸责任为自己辩护,更不能随便说对方的坏话。

（3）宽容。你做的每件事、说的每句话不可能都得到对方的认同和赞许。当得不到认同和赞许时，不能计较，要反省自己哪里做得不够好或者不到位，这是不断提升自己能力和与朋友关系的机会。

（4）谦虚。与人交际切记不能在他人面前吹嘘自己，这是很大的忌讳，这样做等于变相地贬低他人。

● 第九种，乐观的性格。

美国第三十二届总统富兰克林·罗斯福的家中曾经失窃，损失惨重。朋友写信安慰他，罗斯福回信说："朋友，谢谢你的安慰，我现在的一切都好，也依然幸福。第一，窃贼偷去的是我的东西，而并没有伤害我；第二，窃贼偷去的是我的部分东西，而不是全部；第三，最值得庆幸的是，做贼的是他，而不是我。"

罗斯福的这种换算方法，不仅是一种豁达的生活态度，更是一种超脱的生活智慧。对于乐观的好处，不用过多赘述，每个人都很清楚，乐观有助于我们渡过难关，更有助于我们坚持为自己的目标持续奋斗。只是保持乐观不是每个人都能做到的。其实乐观并不难做到，如果不能从内心开始改变，可以从外表开始改变，面对镜子，练习嘴角上扬。你会发现一件神奇的事情，脸上有了微小的表情，心理的状态也跟着起了变化，开始松弛，慢慢地松弛成了常态，乐观就不再遥远了。

炼成某个领域的"超级个体"

很多年轻人都喜欢看美国大片，尤其是一些科幻类的影片。里边的那些超级英雄唤起了不知多少人的英雄梦。不得不承认，每个人都有当英雄的梦想，希望自己成为像美国队长、超人、蜘蛛侠、蝙蝠侠、雷神、神奇女侠那样具备超强能力的人。

这种英雄梦绵延到现实中依然奏效，谁不希望自己是公司里最厉害的人，谁不希望自己的业务能力一级棒，谁不希望自己成为世界上顶级的人才；谁不希望自己是某行业当之无愧的翘楚。可惜，不是所有的"希望"人们都能做到。但的确有人做到了，成为了某个领域内的"超级个体"，如同超级英雄那样屹立于行业间。

许朝军从清华大学毕业后，先从"ChinaRen"干起，ChinaRen被收购进搜狐后，许朝军又到了陈一舟的千橡，最后负责人人网的运行。后来人人网成功上市，首日市值就达到74亿美元。而许朝军在人人网上市前离职，到了盛大，成为边锋游戏的总裁。折腾了这一大圈，他才只有30岁。

不得不承认，许朝军是个非常能干的人，成为校园社交领域的"超级个体"。但我想讲的不是许朝军有多成功，而是他是如何历练成

"超级个体"的。

16岁那年,许朝军从乡下到北京上学,从没摸过电脑的他,进了计算机系。那些在城里长大的同学们基本都会一定的编程。许朝军从打字学起,买不起键盘,就在纸做的键盘上练习打字。他利用一切时机进学校机房练习,没有电脑可用时就在纸上编程。买不起辅助书籍,就跟同学借,书中好的内容就抄写下来。通过不分昼夜地恶补和训练,他终于后来居上,成了计算机高手,成了同学中的翘楚。

一直致力于学习的许朝军,对于自己的能力永远有渴求,希望自己能强一些,再强一些。正是在这种思维的指引下,许朝军的业务水平像坐火箭似地上升,这是他成为"超级个体"的重要因素。

许朝军从搜狐出来的时候,有位风险投资家找到他,想主动给他投资100万美金。没想到许朝军拒绝了:"对不起,我还没有学到足够的知识。我现在仅仅是懂技术,在运营、市场、用户方面还要继续学习。"然后,他就一次次地加入不同的企业,学会了他所需要的一切,最后才在"创新工场"的支持下,创办了点点网。

许朝军的成功是他不断提升自我要求和自我完善的过程。想要成功,一定要有顽强刻苦的精神,将该学的都学到,才能在做的时候游刃有余;同时,不能被短暂的利益诱惑"拉下水",如同许朝军那样,不为100万美金所动,继续按照自己的目标提高着能力。

- 五种方法,提升学习能力

(1)复盘式学习

柳传志说:"做一件事情要懂得复盘。"联想公司就很推崇这种复盘的学习方式:做一件事情,或者失败或者成功,不论结果,都重新演练一遍。大到战略方向,小到具体问题,最初的目标是什么,当时怎么做的,边界条件是什么,边界条件是否有变化,要重新演练一遍,这不仅是做总结,更是提高自己的一种方式。

(2)通过感官学习

这是人类能够利用的最快速的学习方式,就是用所有的感官去学习,听、闻、看、摸都可以。尽量把碎片的知识场景化,把抽象的知识形象化,条件好时甚至可以"闻"到知识、"听"到知识,"摸"到知识。总之,把知识变成身体可感知的东西,可以更有效地帮助我们加工后续的记忆和理解。

(3)知识树式学习

这是一种构建系统性的知识结构的方式。知识树是一种比较实用的方式,可以按照知识点的层级分列,也可以按照知识逻辑分列,门类很多。最后将自己吸收知识的固定套路形成习惯,做到坚持,形成"肌肉记忆"。

(4)金字塔学习

这是一种阶梯式的、以学习效果为指导的学习方法(图9-2)。这种成效是以学习的两周后能留下多少为依据,当然留下的越多越好,毕

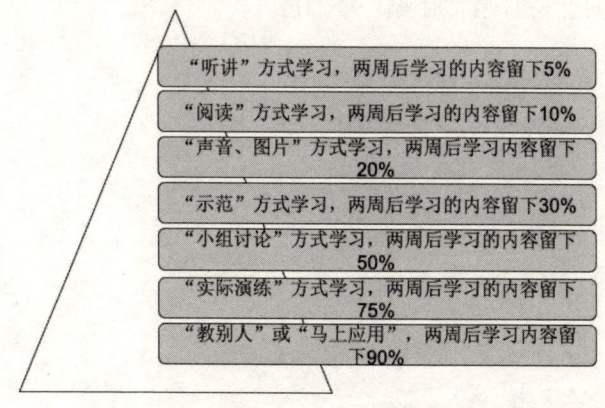

图9-2 "金字塔学习"图示

竟没有人在学习之后希望忘记。

（5）诱惑刺激式学习

来些刺激也有助于学习，有些像给自己奖励，当学习达到了一定效果，就将事先承诺给自己的奖励付诸兑现。当然，奖励不用多么丰厚，自己喜欢就好，目的还是刺激学习的欲望。

- 自己和自己说话，增强内心抵抗力

学习是需要自律来保驾护航的，失去了自律，学习永远都只是个梦。因此，当我们在学习时感觉自律受到了挑战，必须要想办法遏制，遏制得越早，学习的效果越好。

在此，提供一个简单便利的小方法，就是自己跟自己说话。当你发现自律陷入危机了，你可以和自己说话，鼓励自己并让自己放心。要知道，自己和自己说话可以提醒你的目标，唤起你的勇气，强化你的承诺，使你对当下的任务保持清醒的头脑。我本人也常会采取这个小方法提醒自己，"自律的代价总是要比后悔的代价低的"，我把这句话铭刻在心，每当不想自律的时候就提醒自己。

建立优选"品质圈",改变生命的密度

"品质圈"也叫"品管圈",英文缩写为QCC,由约瑟夫·莫西·朱兰教授在1954年提出。所谓品质圈,就是由相同、相近或互补的工作场所的人们,不经过任何组织而是自动自发地组成数人的小团体,一般为6个人左右。组成品质圈的目的是为了全体合作、集思广益、去伪存真,按照一定的程序,活用"品管七大手法(QC7大手法)",来解决工作和管理等方面的问题。

在未讨论"品管七大手法之前",我们先来看看参加"品质圈"的人可以获得哪些好处:

(1)召开"品管圈会议"时,可以有机会在大众面前讲话。

(2)结交更多的朋友,有助于营造优越的人脉环。

(3)更能意识到自身的优缺点和本职工作的优劣度、重要性与职责。

(4)改善个性,有助于养成专心处理问题的能力。

"品管七大手法"更确切地说应该是七大图例表示法。随着时间的推移,七种手法进行了演变,现在分为"旧品管七大手法"和"新品管七大手法"两种。但不是说旧的手法就过时不用了,这里的新和旧只

是一种区别方式，旧手法依然很好用。

（注：因为本书并不是此类专著，在此并不做特别详解，只进行简单介绍。若想进一步了解，可阅读相关书籍。）

- 旧品管七大手法

手法一，因果分析图

这个手法的目的是寻找因果关系。以结果为特性，以原因为因素，将造成某项结果的众多原因，以图解的方式表达结果（特性）与原因（因素）之间的关系。因其形状像鱼骨，又称"鱼骨图"。这是一种能充分开动脑筋、集思广益查找原因的好办法。当出现了某个问题，因为还尚未搞清楚原因，可针对此问题发动大家寻找可能的原因，每个人都要畅所欲言，把所有的可能原因都列出来。

手法二，重点分析图

这个手法的目的是查找重要的少数部分，又称"排列图"。是分析和寻找导致问题发生的主原因素的一种工具。重点分析图是根据归纳的数据，以不良原因、不良状况发生的现象，有系统地进行分类。通过对重点分析图的观察分析可抓住产生问题的主要因素。很多时候，我们总感觉要解决的问题很多，却不知从哪里着手，事实上大部分的问题，只要找出几个影响较大的原因，并加以处置和控制，就可解决80%以上。

手法三，数据分层法

这个手法的目的是按层别分类，分别统计分析，因此数据分层法又称"层别法"。是将性质相同的、在同一条件下收集的数据归纳在一起，并进行有系统、有目的的分门别类以便进行比较分析。

手法四，查检表

这个手法的目的是调查记录数据用以分析。检查表是对数据进行整理和初步原因分析的一种工具，其格式多种多样。这种方法比较简单，但实用有效，主要作为记录或点检所用。

手法五，散布图

这个手法的目的是找出两者的关系，因此散布图又叫"相关图"，用来显示一组成对的数据之间是否有相关性。在我们的生活及工作中，几乎所有的现象和原因都有相关性，有些呈规则的相关，有些呈不规则形的相关。我们要了解它们，就可以借助散布图手法来判断它们之间的相关关系。

手法六，直方图

这个手法的目的是了解数据分布与制程能力。直方图又称"柱状图"，通过对收集到的貌似无序的数据进行处理，来反映资料变化的情况。因此，用直方图可以解析出数据的规则性和分布状态，便于做出总体的判断。

手法七，管制图

这个手法的目的是了解制程变异的情况。管制图又称为"控制图"，一直是科学管理的重要工具。它是一种有控制界限的图，用来区分引发问题的原因是偶然的还是长期的。管制图按用途可分为两类，一类是供分析用，另一类是供管理用。

- 新品管七大手法

手法一，关联图

又称"关系图"，用来分析事物之间"原因与结果""目的与手段"等复杂关系的一种图表，能够帮助人们从事物之间的逻辑关系中，寻找出解决问题的办法。

手法二，亲和图

又叫"KJ法"，把大量收集到的关于未知事物或不明确事实的意见，按其相互亲和性或相近性归纳整理这些资料，使问题明确起来，以利于问题的解决。

手法三，系统图

把要实现的目的与需要采取的措施或手段，系统地展开，以明确问题的重点，寻找最佳手段或措施。

手法四，过程决策程序图

又称"PDPC法"，是随着事态的进展，分析能导致各种结果的要素，并确定一个最优过程，使之达到理想的结果。

手法五，矩阵图

从复杂的问题中找出成对的因素，排列成矩阵图，然后根据矩阵图来分析问题，确定关键点。这是一种通过多因素综合思考，探索问题的好方法。

手法六，矩阵数据分析法

可以用数据表示的矩阵图，就叫作矩阵数据分析法，是对多个变动且复杂的因果进行解析。如果矩阵图上各元素间的关系用数据量化表示，就能更准确地整理和分析结果。

手法七，箭条图

将某项目执行时所需的各步骤、各方法、各模式，按从属关系用网络图表示出来，并为某事项或任务的实施建立最佳的日程计划和管理，使其能顺利完成。